专利复审和无效典型案例评析

材料领域
复审和无效典型案例评析

国家知识产权局专利复审委员会◎编著

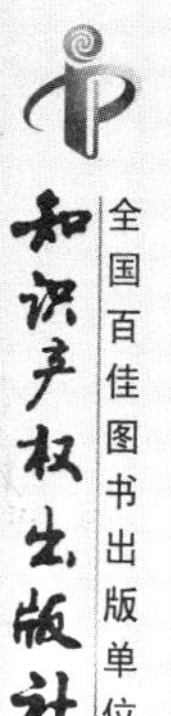

内容提要

本书共9章，分别从专利权的保护客体、说明书充分公开的判断、权利要求的解读、权利要求得到说明书支持的判断、新颖性的判断、创造性的判断、专利文件修改的审查、证据的审查以及其他方面，选取了60个典型案例，对材料领域专利复审、无效典型案件的特点和法律适用进行了评析。

读者对象：专利审查员、专利代理人、司法人员及专利研究人员。

责任编辑：李　琳　　**责任校对**：董志英
文字编辑：王祝兰　　**责任出版**：卢运霞

图书在版编目（CIP）数据

材料领域复审和无效典型案例评析/国家知识产权局专利复审委员会编著．—北京：知识产权出版社，2012.9
ISBN 978－7－5130－1500－4

Ⅰ.①材…　Ⅱ.①国…　Ⅲ.①材料科学－专利权法－案例－中国　Ⅳ.①D923.425
中国版本图书馆CIP数据核字（2012）第212986号

专利复审和无效典型案例评析丛书
材料领域复审和无效典型案例评析
CAILIAO LINGYU FUSHEN HE WUXIAO DIANXING ANLI PINGXI
国家知识产权局专利复审委员会　编著

出版发行：知识产权出版社
社　　址：北京市海淀区马甸南村1号　　**邮　　编**：100088
网　　址：http：//www.ipph.cn　　**邮　　箱**：bjb@cnipr.com
发行电话：010-82000860转8101/8102　　**传　　真**：010-82005070/82000893
责编电话：010-82000860转8118　　**责编邮箱**：lilin@cnipr.com
印　　刷：北京雁林吉兆印刷有限公司　　**经　　销**：各大网上书店、新华书店及相关销售网点
开　　本：720mm×960mm　1/16　　**印　　张**：11
版　　次：2012年9月第1版　　**印　　次**：2012年9月第1次印刷
字　　数：190千字　　**定　　价**：35.00元

ISBN 978－7－5130－1500－4/D·1559（4364）

编　委　会

序　　言

随着经济全球化的发展，专利制度受到了世界各国的普遍重视，科技创新和专利制度的结合越来越紧密。近年来，专利制度的发展以强化专利国际保护为趋势，专利制度已经成为保持科技优势、提高国家竞争力的核心政策手段，在国际贸易、经济、科技中的地位和作用得到了巨大提升。《国家知识产权战略纲要》的颁布实施与《专利法》的第三次修正，标志着中国专利制度的进步与完善。

专利复审与无效宣告程序是联系专利授权、确权行政审查和专利侵权司法审判的纽带，是我国专利制度的重要组成部分。专利复审委员会由国家知识产权局的法律专家和技术专家组成，负责专利复审与无效宣告案件以及集成电路布图设计的复审和撤销案件的审查。随着我国专利事业的不断发展，专利复审与无效宣告案件日益增多，迄今为止，专利复审委员会已累计审结各类专利复审与无效宣告案件5万余件，专利复审与无效宣告案件审查决定的最终生效比例高达98.8%，显示出专利复审委员会在专利审查实践中的权威性，有力地维护了专利权人的合法权益和公众利益。在多年的审查实践和工作积累中，专利复审委员会的审查经验日渐丰富，对相关法律以及审查标准形成了比较系统、完整的认识，承办了一批有社会影响力的案件，解决了许多技术和法律相互结合、紧密缠绕的难题，这既是专利复审委员会的宝贵财富，也是我国专利制度中的绮丽瑰宝。

为了对以往的经验进行总结，以期对今后的工作有所指导和借鉴，专利复审委员会按照技术领域对专利复审与无效宣告案件进行分类研究，以案件为依托，总结经验，成以文字，编写成本套丛书。本丛书内容丰富，条理清晰，以技术领域为纲，以特定问题为例，用精炼的文字如实地记载了大量案例，翔实地反映了专利复审委员会对相关技术和法律问题的认识，使读者能够较为深入地了解、认识专利复审与无效宣告案件的审查工作。本丛书为《专利法》的普及和学术研究提供了素材，既可以作为专利复审与无效宣告案件审查的参考手册，也可以方便关注专利复审与无效宣告案件审查的当事人及社会公众阅读，同时能够为从事专利行政执法和专利司法审判的人员开展专利管理和审判工作提供参考和借鉴。

田力普

2012年1月

前　　言

国家知识产权局专利复审委员会材料工程申诉处（下称材料申诉处）专门负责材料工程领域的复审和无效宣告案件的审查，同时也承担对当事人不服复审和无效宣告请求审查决定而提出的专利行政诉讼的出庭应诉工作。材料工程领域涉及面较广，既包括石油、冶金、煤化工等重要行业的技术领域，也包括水泥、玻璃、陶瓷等建筑材料以及道路、桥梁、铁路等建筑、水利工程等基础技术领域，还包括锁、钥匙、门窗零件以及热能工程、水处理、材料或物体消毒的一般方法或装置等与人们生活息息相关的技术领域。

经过长期对专利复审和无效宣告案件的审查实践、深入思考和不断探索，材料申诉处对材料工程领域某些技术问题和法律问题形成了一些相对成熟、固定的审查方式和具体的审查标准。为与社会各界分享这些多年积累的经验，材料申诉处审查员在工作之余付出大量时间和精力，从材料工程领域多年来审查的案件中精心筛选出具有代表性的典型案例进行深入评析，结集成书。本书依据材料工程领域通常涉及的法律问题分章，各章之下结合典型案例具体深入地阐述相应法律条款在材料工程领域复审、无效宣告案件审查中的理解和适用以及疑难问题的判断原则和方法。相信本书能够帮助专利行政部门、专利代理机构、司法部门及其从业人员，大专院校师生以及其他相关人员更好地了解和理解材料工程领域的审查标准，对他们今后的工作实践有一定的帮助和借鉴意义。

本书的编辑、出版得到了专利复审委员会常务副主任张茂于以及副主任杨光、王霄蕙、曾武宗等领导的悉心指导和大力支持，也得到了于萍、高胜华等复审委其他处室领导的鼎力帮助，在本书的整个编撰和出版过程中，他们提出了宝贵的意见和建议，在此向他们表示由衷的感谢！

需要说明的是，鉴于本书中选取的案例受适用当时的法律、法规以及规章所限，本书中如无特殊说明，其所引用的《专利法》是指 2000 年修改的《专利法》，《实施细则》是指 2001 年修改的《专利法实施细则》。书中引用其他版本的则均有特别指明，例如现行《专利法》是指2008年修改的《专利法》。对于由于法律、法规、规章的修订引起的对相关问题的理解变化，我们也在本书的相关部分作了相应的说明。

虽然本书从计划到完稿的过程中，编著人员付出了辛勤的劳动，但囿于水平所限，难免存在疏漏和不当之处，敬请各位读者不吝赐教，批评指正！

目　录

第一章　专利权的保护客体

专利法设立的目的是为了保护专利权人的合法权益，鼓励发明创造，推动发明创造的应用，提高创新能力，促进科学技术进步和经济社会发展。专利法可以保护的范畴和主题及其判断标准对于实现这个目的至关重要，各个国家或地区对此都非常重视；同时，这一问题也是各界人士讨论和争议的热点。虽然由于科技、经济水平的差异，社会人文环境、法律文化等的不同，各国或地区专利保护的主题有所差别，以及随着经济和社会的不断发展，专利保护的客体、范围及其判断标准在不断发生变化，但根本目的均是试图确定一个合适的范围，以期既能保护创造者的利益，鼓励发明创造，进而推动发明创造的应用，又能顾及社会公众的利益，促进整个社会的科技进步和经济发展。我国《专利法实施细则》第 2 条[1]对专利保护的客体从正面作出了规定，《专利法》第 5 条和第 25 条出于对国家和社会利益的考虑，分别从不同角度对专利保护的范围作了限制性规定。[2]

一、《专利法实施细则》第 2 条第 2 款

发明、实用新型和外观设计的定义是专利法律制度的基本概念和重要基础，直接涉及能够被授予专利权的主题范围，属于授予专利权的条件之一。然而 2000 年修改的《专利法》通篇未对发明、实用新型和外观设计作出定义，而是由 2002 年修订的《专利法实施细则》第 2 条予以规定，导致《专利法》本身的规定不够完备。因此，2008 年修改《专利法》时，将其内容移入现行《专利法》第 2 条，其中现行《专利法》第 2 条笃 3 款涉及实用新型的定义。鉴于材料工程领域的复审、无效案件涉及发明定义的案件很少，故本部分仅就涉及实用新型定义的相关问题予以讨论。

根据《施行修改后的专利法的过渡办法》规定，2C08 年修改的《专利法》

---

[1] 除非另有说明，本书中《专利法实施细则》指 2002 年修订的版本，本书中《专利法实施细则》第 2 条均对应于现行《专利法》第 2 条。

[2] 国家知识产权局．专利审查指南 2010［M］．北京：知识产权出版社，2010：119.

适用于申请日在2009年10月1日之后的专利申请以及根据该专利申请授予的专利权。因本书大部分案例涉及的专利申请都在2009年10月1日之前，所以，本书涉及实用新型定义的内容仍然援引2002年修订的《专利法实施细则》第2条第2款的规定。

《专利法实施细则》第2条第2款规定，实用新型，是指对产品的形状、构造或者其结合所提出的适于实用的新的技术方案。

由此可见，实用新型不保护方法的技术方案，对产品的保护也仅限于对其“形状、构造或者其结合”的技术方案。所述产品应当是经过产业方法制造的，有确定形状和构造，占据一定空间的实体，既可以是完整独立的产品，也可以是产品的局部或者部分。未经人工制造的自然存在的物品，比如天然存在的贝壳、各种果实等，由于其未经产业方法制造，因此不属于实用新型保护的客体。

对于产品的形状，《审查指南2006》第一部分第二章第6.2节中规定：“产品的形状是指产品所具有的、可以从外部观察到的确定的空间形状。”对产品形状所提出的改进可以是对产品三维形态所提出的改进；也可以是对产品的二维形态所提出的改进。无确定形状的产品，例如气态、液态、粉末状、颗粒状的物质或材料，其形状不能作为实用新型产品的形状特征。

对于产品的构造，《审查指南2006》第一部分第二章第6.3节中规定：“产品的构造是指产品的各个组成部分的安排、组织和相互关系。产品的构造可以是机械构造，也可以是线路构造。机械构造是指构成产品的零部件的相对位置关系、连接关系和必要的机械配合关系等；线路构造是构成产品的元器件之间的确定的连接关系。复合层可以认为是产品的构造，产品的渗碳层、氧化层等属于复合层结构。物质的分子结构、组分、金相结构等不属于实用新型专利给予保护的产品的构造。例如，仅改变焊条药皮成分的电焊条不属于实用新型专利保护的客体。”一般情况下，实用新型权利要求中不得包含有关组分和配方含量的限定，除非该组分和配方含量是已知的，且包含该组分和配方含量的产品无统一的称谓和名称。

在实用新型保护客体的审查中，权利要求中还常常会出现图形（图案、色彩、文字、符号、图表的集合）技术特征，其中产品表面的图形可以分为平面图形和立体图形两种。所谓平面图形是指构成图形的所有点、线均在产品表面上的图形，如手帕上印刷的图形；而构成立体图形的点、线以凹凸等形式呈现在产品的表层上，如水杯雕刻的花纹。显然，立体图形具有形状、结构上的变化是肯定的，根据《审查指南2006》的上述规定，其属于实用新型的保护客体也是确信无疑的。但是对于平面图形而言，其是否会给形状构造带来变化，能否被归为对“产品的二维形态所提出的改进”呢？要回答这一问题，首先要回到实用新型的定义上。实用新型不仅是指对产品的形状、构造或者其结合所提出的改进，而且应该是一种技术方案。那么什么是技术方案？根据《审查指南 2006》第一部分第二章第 6.4 节的规定，技术方案，是指对要解决的技术问题所采取的利用了自然规律的技术手段的集合；而所谓技术手段，通常是由技术特征来体现的。对这些概念进行逻辑分析，基本可以得出以下结论，即对于以上提出的问题，以表面的图案为特征的产品，如果未采用技术手段解决技术问题，则不属于实用新型专利保护的客体。例如：仅改变按键表面文字、符号的计算机或手机键盘；仅以表面图案设计为区别特征的棋类，牌类，道路交通的布局、规划，建筑设计图本身等。如果采用了技术手段解决了技术问题，则应该属于实用新型保护的客体；即使其目的在于增加美感，也不应该被排除在实用新型客体保护范围之外。

后面将结合案例进一步阐述在判断是否属于实用新型专利保护客体时，如何理解《专利法实施细则》第 2 条第 2 款中所述“新的技术方案”，如何从整体上考虑权利要求中包含的方法、材料等特征的影响。

二、《专利法》第 5 条

《专利法》第 5 条规定：“对违反国家法律、社会公德或者妨害公共利益的发明创造，不授予专利权。”

对于违反法律、社会公德或者妨害公共利益的行为，在各项生产和生活中都会受到严格的禁止或者限制，一项专利技术的发明目的当然也不能违反上述规定。该规定是为了防止对可能扰乱社会正常秩序、导致犯罪或者造成其他不安定因素的发明创造被授予专利权，其根本出发点在于维护国家和人民的根本利益。[1] 这一规定本身属于确定性法律规则，出现可讨论的空间是由于对“法律”理解上的偏差，对具体行为是否违反社会公德或者妨碍公共利益的结论可能会因人而异，以及社会公德和公共利益等概念自身的不断演变等原因造成。

我国《专利法》自诞生以来已进行了三次修订，但仅在 2008 年第三次修订中对第 5 条进行了修改。该修改主要包括两部分内容：一是增加了第 2 款关于遗传资源保护的规定，并将本条修改前的规定改为第 1 款；二是将“国家法律”修改为“法律”。需要注意的是，对是否违反现行《专利法》第 5 条第 1 款规定的审查对象为整个专利申请文件，即权利要求书、说明书（包括

[1] 尹新天．中国专利法详解［M］．北京：知识产权出版社，2011：52.

附图）和说明书摘要，申请文件中只要存在违反现行《专利法》第 5 条第 1 款的内容，都是不允许的；现行《专利法》第 5 条第 2 款的审查对象除了上述申请文件外，还包括遗传资源来源披露登记表。❶

该条款中，“国家法律”是指由全国人民代表大会或者全国人民代表大会常务委员会依照立法程序制定和颁布的法律。它不包括行政法规和规章。“社会公德”是指公众普遍认为是正当的，并被接受的伦理道德观点和行为准则，是每个公民在履行社会义务或涉及社会公共利益的活动中应当遵循的。其内涵基于一定的文化背景，随着时间的推移和社会的进步不断地发生变化，而且因地域不同而各异。❷“妨害公共利益”是指发明创造的实施或使用会给公众或社会造成危害，或者会使国家和社会的正常秩序受到影响。但是，如果发明创造因滥用而可能造成妨害公共利益的，或者发明创造在产生积极效果的同时存在某种缺点的，例如对人体有某种副作用的药品，则不能以“妨害公共利益”为理由拒绝授予专利权。❸

目前，国外已基本没有以违反法律而拒绝授予专利权的限制。原因在于：专利技术并不等同于专利产品，专利产品是专利技术付诸实施后的产物，因此不能以专利产品的销售、制造违反法律或受到限制为由而拒绝授予某项技术专利权或对某项专利权提出无效；同时，随着社会的发展和变化，法律可能会进行修改或废止，也就是说，当前实行的法律可能会滞后，而专利技术又具有一定的创新性，以违反法律为由拒绝授予专利权可能会阻碍技术的发展。

对于违反社会公德和妨害公共利益，各个国家（地区）或者国际条约的规定简要概括如下：(1) TRIPS 在第 27 条第 2 款和第 3 款规定，为了维护公众利益或社会公德，包括保护人类、动物或植物的生命与健康，或为避免对环境的严重污染，有必要禁止某些发明在成员地域内进行商业性实施，可以排除这些发明的专利性，但以这种排除并非仅仅因为其法律禁止实施为限。❹(2)《欧洲专利公约》❺ 在第 53 条 (a) 中有如下规定：欧洲专利权不应当授予其公开和实施与公共秩序或者道德相违背的发明，发明的实施仅仅为部分缔约国或所有缔约国的法律或法规所禁止，不能认为是违背了公共秩序或者道德。(3)《德国专利法》第 1 章第 2 条第 1 款规定“对其公开和使用违反公

---

❶ 国家知识产权局．审查操作规程（实质审查分册）[M]．北京：知识产权出版社，2011：6.

❷ 国家知识产权局．审查指南 2006 [M]．北京：知识产权出版社，2006：112.

❸ 国家知识产权局．审查指南 2006 [M]．北京：知识产权出版社，2006：112－113.

❹ 尹新天．中国专利法详解 [M]．北京：知识产权出版社，2011：49.

❺ European Patent Convention, 13th Edition (Published by the European Patent Office, Jul. 2007).

共秩序或良好风俗的发明，不授予专利权。但不能以发明的使用是法律和行政法规所禁止的为理由做出违反公共秩序的结论”。并且在其《专利审查指南》中对“公共秩序”作了如下解释“公共秩序应理解为法律规范的基本原则。因此，违反法律禁令并不等同于违反公共秩序……”（4）美国专利法中不存在公序良俗原则，在具体实践中，即使涉及所谓的公序良俗原则问题，也不直接以违反公序良俗原则驳回专利申请或宣告专利无效，而是将公序良俗解释为实用性要求或者根据其他法律进行判决。（5）《日本特许法》（1999年3月1日修订）第32条规定：“下述发明，不拘第29条的规定不能授予专利权：……二、有害于公共秩序、良好的习俗或公共卫生的发明。”《日本实用新型法》（1999年12月22日修订）第4条规定：“对于有害公共秩序、善良风俗或公共卫生之虞的设计，不受第3条第1款所限，不能获得实用新型注册”。《日本外观设计法》（2003年5月23日修订）第5条规定：“下列外观设计，不受第3条规定所限，不能取得外观设计注册：有危害公共秩序或善良风俗之虞的外观设计。”❶

总的来说，大多数国际条约和大部分国家（地区）的专利法以及专利审查实践中均将违反社会公德和妨害公共利益的发明创造排除在专利法的保护范围之外。

三、《专利法》第25条

《专利法》第25条的规定如下：

“对下列各项，不授予专利权：

（一）科学发现；

（二）智力活动的规则和方法；

（三）疾病的诊断和治疗方法；

（四）动物和植物品种；

（五）用原子核变换方法获得的物质；

对前款第（四）项所列产品的生产方法，可以依照本法规定授予专利权。”

上述规定将一些传统意义上的技术创新排除在《专利法》保护范围之外，但这一规定具有一定的弹性，随着科学技术的发展和社会的进步，这一规定也在不断地进行调整。

---

❶ 专利审查协作中心专项课题组：国家知识产权局学术委员会2009年度自主课题研究“专利法第5条在涉及公共安全的专利申请中的适用研究”，课题负责人：魏保志。

虽然三次《专利法》修订均涉及第25条，2008年修改《专利法》时，增加了“（六）对平面印刷品的图案、色彩或者二者的结合作出的主要起标识作用的设计”，但对第1款第（1）项至第（3）项却一直没有进行修改。而《审查指南》的几次修改对智力活动的规则和方法以及疾病的诊断和治疗方法的判断方式均有所调整，因此在审查实践中，对第（2）、（3）项的审查标准实际上是有所变化的。需要注意的是，《专利法》第25条的审查对象为权利要求书。也就是说，如果一件专利申请的说明书和说明书摘要中存在涉及《专利法》第25条的内容，而权利要求书中并未对此予以保护，则不能以说明书和摘要不符合《专利法》第25条为由拒绝授予专利权。❶

材料领域的案件通常涉及《专利法》第25条第1款第（1）、（2）、（3）项中规定的内容。

下面结合实际案例分别对涉及《专利法实施细则》第2条第2款、《专利法》第5条和第25条第1款第（1）、（2）、（3）项的相关规定进行详细阐述。

第一节　实用新型的保护客体

【案例1-1】专利复审委员会第12360号无效宣告请求审查决定简介

专利复审委员会于2008年10月13日作出第12360号无效请求审查决定。该决定涉及申请日为2005年8月12日、公告日为2006年9月27日、名称为“压花金属面复合板”的第200520103724.5号实用新型专利。

该专利授权公告的权利要求如下：

“1. 一种压花金属面复合板，包括有一基板，其特征是：该基板上复合设置一压花金属板，压花金属板表面涂覆有多层外观涂层，该基板底面设有衬底层；

该压花金属板一侧边设置成凹形咬合槽，另一侧边设置成凸舌状咬合条，其凸舌状咬合条下方延伸板上设有安装槽。”

“2. 根据权利要求1所述的压花金属面复合板，其特征是：该基板材料为聚苯乙烯泡沫、聚氨酯泡沫、改性聚氨酯、酚醛树脂、蜂窝纸或蜂窝铝。

“3. 根据权利要求1所述的压花金属面复合板，其特征是：该压花金属板为铝合金板、热镀锌钢板、热镀铝锌合金板、热镀锌铝合金板、不锈钢板或铜板。

---

❶ 国家知识产权局．审查操作规程（实质审查分册）［M］．北京：知识产权出版社，2011：7.

“4. 根据权利要求1所述的压花金属面复合板，其特征是：该衬底层为金属或纸材质。”

针对该专利，无效宣告请求人于2008年6月18日向专利复审委员会提出无效宣告请求，请求人认为，该专利与现有技术相比不是一个“新的技术方案”，同时其作为实用新型不应该保护材料，因此不符合《专利法实施细则》第2条第2款关于实用新型定义的规定。

针对上述问题，合议组认为：首先，根据《审查指南2006》第一部分第二章第6.5节的规定，《专利法实施细则》第2条第2款是对可获得专利保护的实用新型的一般性定义，而不是判断新颖性、创造性、实用性的具体审查标准；其次，根据《审查指南2006》第一部分第二章第6.3节的规定，该专利权利要求1～4虽然包含了材料特征，但均是将现有技术中已知的材料（如聚苯乙烯、铝合金等）应用于具有形状、构造的产品上，因此不属于对材料本身提出的技术方案。综上，请求人的上述主张不能成立，该专利权利要求1～4符合《专利法实施细则》第2条第2款的规定。

【案例1-2】专利复审委员会第9968号无效宣告请求审查决定简介

专利复审委员会于2007年6月15日作出第9968号无效宣告请求审查决定。该决定涉及申请日为2004年12月29日、授权公告日为2006年8月16日、名称为“一种桩尖”的第200420103142.2号实用新型专利。

该专利授权公告的权利要求如下：

“1. 一种桩尖，由桩端板（1）、‘十’字交叉型刀片（2）组成，其特征在于：‘十’字交叉型刀片（2）的外端下侧有一导角（3），‘十’字交叉型刀片（2）与桩端板（1）垂直，桩尖为整体铸钢结构。”

针对上述专利权，请求人向专利复审委员会提出无效宣告请求认为：权利要求1中的“桩尖为整体铸钢结构”是方法、材料特征，不属于实用新型的保护客体，不符合《专利法实施细则》第2条第2款的规定。专利权人认为该特征为结构特征，而且铸造方法为已知方法，因为该专利符合《审查指南2006》的相关规定。

在该无效宣告请求审查决定中，合议组认为：整体铸造方法或者铸钢材料是现有技术中已知的方法或者已知的材料，因此权利要求1中的“桩尖为整体铸钢结构”的表述属于以现有技术中已知方法的名称限定产品的形状、构造，以及将现有技术中已知的材料应用于具有形状、构造的产品上，故该专利权利要求1的技术方案不属于对方法或者材料本身提出的技术方案，属于实用新型专利保护的客体，符合《专利法实施细则》第2条第2款的规定。专利复审委员会据此作出维持该专利权有效的审查决定。

【案例 1-3】 专利复审委员会第 11490 号无效宣告请求审查决定简介

专利复审委员会于 2008 年 5 月 23 日作出第 11490 号无效宣告请求审查决定。该决定涉及申请日为 2003 年 11 月 10 日、授权公告日为 2004 年 7 月 30 日、名称为“三防双面型吊顶装饰板”的第 200320108023.1 号实用新型专利。

该专利授权公告的权利要求如下：

“1. 一种三防双面型吊顶装饰板，包括基材（4）和固定在基材（4）底部的下薄板（5），其特征在于：在基材（4）顶部固定有上薄板（1），在基材（4）的四边固定有防水边层（3），防水边层（3）的宽度大于基材（4）四边的宽度并在上薄板（1）和下薄板（5）上均折有包边（2）。

2. 如权利要求 1 所述的三防双面型吊顶装饰板，其特征在于：上薄板（1）和下薄板（5）的朝外面都加工有图案花纹。”

针对该专利，无效宣告请求人向专利复审委员会提出无效宣告请求，认为该专利权利要求 2 中的图案花纹是平面的，不是对产品的形状、构造或其结合所提出的技术方案，不属于实用新型的保护客体，不符合《专利法实施细则》第 2 条第 2 款的规定。

合议组在审查决定中认定：权利要求 2 是权利要求 1 的从属权利要求，其包括权利要求 1 的所有技术特征，即权利要求 2 对构成所要求保护的吊顶装饰板的基材、下薄板、上薄板、防水边层和包边及其相对位置关系均进行了限定，且其还进一步限定了上薄板和下薄板的朝外面加工有图案花纹，因此权利要求 2 是对产品的构造提出的技术方案，符合《专利法实施细则》第 2 条第 2 款的规定。

【案例评析】

我国《专利法》囊括了发明、实用新型和外观设计三种类型的专利。为避免混淆，又在《专利法实施细则》第 2 条分别对上述三种类型的发明创造作出定义，其中第 2 条第 2 款规定，专利法所称实用新型，是指对产品的形状、构造或者其结合所提出的适于实用的新的技术方案。关于此项规定，可以从以下两个方面进行解读：

一方面，不能将此条款所述的“新的技术方案”与《专利法》第 22 条第 2 款所述授予专利权的发明和实用新型应当具备新颖性中的“新”相混淆，二者设立的目的、要求和判断标准均不相同。前者是对实用新型作出的定义，是对实用新型这类发明创造的最基本要求，仅需要根据申请人提交的说明书（包括附图）和权利要求书所公开的整体内容为依据进行审查，判断其技术方案与申请文件所描述的背景技术相比是否作出了改进。后者是判断一项实用新型专利权利要求是否具备新颖性的直接法律依据，即判断实用新型是否属于现有技术，或者是否有任何单位或者个人就同样的发明或者实用新型在申请日以前向国务院专利行政部门提出过申请，并记载在申请日以后公布的专利申请文件或者公告的专利文件中。因此，《专利法实施细则》第2条第2款仅是对可获得专利保护的实用新型的一般性定义，而不包含判断一项专利（申请）是否具备新颖性、创造性和实用性的具体审查标准。在本节案例1-1中，合议组对此给予了明确的认定。

另一方面，是涉及对于实用新型专利权利要求中的方法、材料特征的认定。实用新型专利不保护方法技术方案，不论是产品的制造方法、使用方法、通讯方法、处理方法、计算机程序，还是将产品用于特定用途等，均不属于实用新型专利的保护客体，但这并不意味着一项实用新型专利权利要求中不能使用方法名称。实用新型专利权利要求中允许采用已知方法的名称限定产品，且该方法是对产品的形状构造的限定，而不是对于方法本身的限定。《审查指南2006》第一部分第二章第6节规定，如果实用新型的权利要求中既包含形状、构造特征，又包含对方法本身或者材料本身提出的改进技术方案，则不属于实用新型专利保护的客体。但是，以现有技术中已知方法的名称限定产品的形状、构造的，例如，以焊接、铆接等已知方法名称限定各个部件之间的连接关系的，并不属于对方法本身提出的改进，在实用新型专利的权利要求中是可以存在的。而且，如果已知的工艺和步骤没有通用名称，也允许申请人采用规范的术语对其命名，并写入权利要求中。将现有技术中已知的材料应用于具有形状、构造的产品上，例如复合木地板、塑料杯、记忆合金制成的心脏导管支架等，不属于对材料本身提出的技术方案。因此，不能仅根据“实用新型权利要求中出现了方法、材料特征”就认为其不是实用新型专利保护的客体，还要看该方法、材料特征是否已知，是否是对方法本身或者材料本身提出的改进。

案例1-2中，整体铸造的方法和铸钢材料是现有技术中已知的方法和材料，因此权利要求1中的技术特征“桩尖为整体铸钢结构”不属于对方法或者材料本身提出的改进，权利要求1整体上还是属于对产品的形状、构造提出的改进，因此属于实用新型专利保护的客体，符合《专利法实施细则》第2条第2款的规定。

此外，无论在判断是否属于实用新型专利保护客体的过程中还是在审查实用新型专利创造性的过程中，都应当从整体上对权利要求中限定的内容进行考虑，而不应将权利要求中的材料或者方法特征等排除在外，否则可能导致相同的技术方案具有发明专利的创造性高度却不具有实用新型专利创造性的高度，或者可能导致被判断创造性的技术方案与授权的技术方案内容不一致，确权和侵权程序中判断对象、处理原则不一致等问题。正是基于这种考虑，2006 年修改《审查指南》时，根据《专利法实施细则》第 2 条第 2 款对实用新型专利保护客体的审查内容进行了修改，仅仅排除某些实质上是对材料或者方法本身提出改进而不应予保护的客体，避免了创造性判断中对技术方案的割裂。[1] 例如，案例 1-3 中就充分体现了要将技术方案作为一个整体考虑，从整体上考虑权利要求所述技术方案是否属于对产品形状、构造或其结合的改进，而不能仅仅因为其中某个或某些特征不属于对产品形状、构造或其结合的改进而否定其属于实用新型专利保护的客体。

（撰稿人：樊延霞　王琳　郭建强）

第二节　对《专利法》第 5 条中违反国家法律的认定

【案例 1-4】专利复审委员会第 5935 号无效宣告请求审查决定简介

专利复审委员会于 2004 年 3 月 9 日作出第 5935 号无效宣告请求审查决定。该决定涉及申请日为 2000 年 4 月 17 日、授权公告日为 2003 年 5 月 7 日、名称为“一种高硅石英粉的生产方法”的第 00107107.6 号发明专利。

该专利授权公告的权利要求书如下：

“1. 一种高硅石英粉的生产方法，其工艺流程包括石英原矿的精选—装窑—烧结—分选—球磨—筛分—成品，其特征是采用倒焰窑烧制而成。

2. 根据权利要求 1 所述的生产方法，其特征在于其烧成温度为 1480～1600℃，保温 4～10 小时。”

2003 年 7 月 11 日，请求人针对该专利向专利复审委员会提出无效宣告请求，以附件 1（中华人民共和国国家经济贸易委员会于 1999 年 1 月 22 日颁布的《淘汰落后生产能力、工艺和产品的目录（第一批）》）为依据，认为该专利不符合《专利法》第 5 条的规定。具体理由为，该专利中使用的倒焰窑是一种被原国家经济贸易委员会于 1999 年 1 月 22 日颁布的《淘汰落后生产能力、工艺和产品的目录（第一批）》明令禁止使用的落后生产工艺装备，因此该专利保护的生产方法是违反国家法律法规的生产方式，不符合《专利法》第 5 条的规定。

---

[1] 国家知识产权局专利局审查业务管理部．审查指南修订导读 2006［M］．北京：知识产权出版社，2006：49.

经审查，专利复审委员会合议组在该决定中认定：《专利法》第 5 条规定的国家法律，是指由全国人民代表大会或者全国人民代表大会常务委员会依照立法程序制定和颁布的法律，它不包括行政法规和规章。原国家经济贸易委员会于 1999 年 1 月 22 日颁布的《淘汰落后生产能力、工艺和产品的目录（第一批）》是部门规章，不是国家法律。因此，不能因为该专利中使用的倒焰窑是一种被国家经济贸易委员会于 1999 年 1 月 22 日颁布的《淘汰落后生产能力、工艺和产品的目录（第一批）》明令禁止的落后生产工艺装备而认为该专利不符合《专利法》第 5 条的规定。

【案例评析】

《专利法》第 5 条规定，对违反国家法律、社会公德或者公共利益的发明创造，不授予专利权。

其中，要准确理解其中所述“国家法律”的含义和范围。依照 2000 年 3 月 15 日颁布的《立法法》规定，“法律”是指由全国人民代表大会或者全国人民代表大会常务委员会依照立法程序制定和颁布的法律，既不包括国务院制定的行政法规，也不包括省、自治区、直辖市地方人民代表大会及其常务委员会制定的地方性法规以及国务院各部门或者省、自治区、直辖市地方人民政府制定的规章。据此，《审查指南 2006》对《专利法》第 5 条所述的“国家法律”作出了明确的解释。值得注意的是，为使法条表述更加规范，2008 年修订《专利法》时，该法条变更为《专利法》第 5 条第 1 款，并将原来的“国家法律”改为“法律”，但其实质含义并没有发生变化。

因此，即使专利申请或专利中有不符合行政法规或部门行政规章的情况，也不能据此拒绝授予专利权或者宣告专利权无效。例如本案中，请求人提交的附件 1 属于国务院部委制定的部门行政规章，并不属于《专利法》第 5 条所述“国家法律”的范畴，故不能据此认为该专利不符合《专利法》第 5 条的规定。

（撰稿人：李德宝）

第三节　科学发现与发明创造之间的关系

【案例 1－5】 专利复审委员会第 8729 号无效宣告请求审查决定简介

专利复审委员会于 2006 年 9 月 30 日作出第 8729 号无效宣告请求审查决定。该决定涉及申请日为 2000 年 7 月 17 日、授权公告日为 2003 年 1 月 8 日、名称为“稀土金属丝”的第 00115903.8 号发明专利。

该专利授权公告的权利要求1如下：

"1. 一种稀土金属丝，其特征在于该稀土金属丝中的，在常温下不溶于20%～30%（体积）浓度的盐酸溶液的夹杂物的含量为该稀土金属丝总重量的0.2%（重量）以下。"

针对上述专利权，请求人于2003年8月19日向专利复审委员会提出无效宣告请求，认为该专利权利要求1不符合《专利法》第25条第1款等条款的规定，同时提交了如下证据：

证据1：《稀土金属学》（莫斯科科学出版社1975年版，1994年8月，张宝琦、孙志臣、刘志富译）封面及第1页、第75页；

证据2：《稀土矿物加工》（池汝安、王淀佐编著，1994年8月）封面及第1页、第11页；

证据3：《稀土》（中国稀土学会、包头钢铁稀土企业集团编译，1991年12月）封面及第1～2页、第154页。

请求人认为：该专利说明书中记载，发明人经过长期探索发现稀土金属丝中所含夹杂物对其塑性和强度有很大影响，而实际上该发明要求保护的技术方案也是一种发现，稀土金属溶于盐酸是早已被发现的化学性质（见证据1第75页倒数第9行、证据2第11页第1行、证据3第154页第9行），因此该专利不符合《专利法》第25条第1款第（1）项的规定。

对于请求人的主张，专利权人认为：该专利的全部权利要求是基于研究发现而形成的可实施技术方案，通过将稀土金属丝中的特定夹杂物的数量控制在特定含量以下从而保证稀土金属丝的力学性能，是一项能具体实施的技术方案，而不是对自然界没有做出什么技术改造的科学发现，因此符合《专利法》第25条第1款第（1）项的规定。

合议组经审查后认定：该专利权利要求1要求保护一种稀土金属丝，其特征在于该稀土金属丝中的，在常温下不溶于20%～30%（体积）浓度的盐酸溶液的夹杂物的含量为该稀土金属丝总重量的0.2%（重量）以下。该权利要求保护的技术方案涉及一种产品，从该专利说明书中记载的制备工艺可以知道该产品是通过控制稀土金属原料的成分而制造的，也形成一种改造客观世界的技术方案，而非仅仅停留在对自然界中规律、特性的揭示，找到自然界天然形态存在的物质以及对自然界认识的总结的层面，因此，该专利权利要求1保护的技术方案不属于《审查指南2006》所说的科学发现，符合《专利法》第25条第1款第（1）项的规定。

【案例评析】

科学发现，是指对自然界中客观存在的现象、变化过程及其特性和规律的揭示。科学理论是对自然界认识的总结，是更为广义的发现。人们通过科学发现不断深化对自然界的认识，并通过科学理论对这些认识进行总结，因此科学发现和科学理论都属于人们认识的延伸。这些被认识的物质、现象、过程、特性和规律不同于改造客观世界的技术方案，不属于专利法意义上的发明创造，因此不能被授予专利权。

人们在科学发现和科学理论的基础上，可以进行更深的探索、更多的创新。很多发明创造都是建立在科学发现和科学理论的基础上的。但是，发明创造并非仅仅停留在对物质、现象、过程、特性和规律的认识和总结上，而是进一步提出了改造客观世界的技术方案，因此属于可以授予专利权的客体。

本案中，该专利要求保护的并非是稀土金属溶于盐酸这一化学性质，而是利用这一化学性质，通过对夹杂物含量的控制，从而得到具有较优力学性能的稀土金属丝产品。这是利用了自然规律的技术方案，而非自然规律本身，因此并不属于《专利法》第25条第1款第（1）项所称的“科学发现”。这种情形在化学领域是比较普遍的。例如《审查指南2006》第二部分第一章第4.1节所举的例子，发现卤化银在光照下有感光特性，这种发现本身不能被授予专利权，但是根据这种发现制造出的感光胶片以及此感光胶片的制造方法则可以被授予专利权。这个例子与本案在利用物质的化学性质提出技术方案方面有相似之处。事实上，很多化学领域的发明创造恰恰是在发现了某种化学物质的特殊性质的基础上，对这种性质加以利用，将其制作成各种产品，开发出各种方法，应用于各种用途，进而对客观世界进行了改造而得到的《专利法》所保护的技术方案。

（撰稿人：王刚）

第四节　智力活动的规则和方法与发明创造之间的关系

【案例1-6】专利复审委员会第8582号复审请求审查决定简介

专利复审委员会于2006年5月15日作出第8582号复审请求审查决定。该决定涉及申请日为2002年8月15日，公开日为2003年8月13日，名称为“英文纸牌”的第02128375.3号发明专利申请。

该申请驳回决定针对的权利要求1如下：

“1.本发明是以英语二十六个基本字母（A、B、C、D、E、F、G、H、I、J、K、L、M、N、O、P、Q、R、S、T、U、V、W、X、Y、Z）为牌点，一副牌一百零八张（或一百零六张），分黑桃、红心、方块、梅花四种花色，各二十六张（A、B、C、D、E、F、G、H、I、J、K、L、M、N、O、

P、Q、R、S、T、U、V、W、X、Y、Z)，另有大王和小王各两张（或各一张）。玩法可参照扑克牌的一些打法。重要的是可以用手中的牌拼出英文单词，使英语学习者在娱乐游戏中提高兴趣、掌握知识。本发明专利申请人请求中华人民共和国国家知识产权局对该项发明中的‘以英语二十六个基本字母（A、B、C、D、E、F、G、H、I、J、K、L、M、N、O、P、Q、R、S、T、U、V、W、X、Y、Z）为牌点’实施专利保护。”

国家知识产权局原审查部门的驳回理由是：权利要求书中请求保护的“以英语二十六个基本字母为牌点”的英文纸牌与公知的扑克牌的区别仅仅在于牌上记载的信息不同，从而游戏规则也不一样，也就是说，权利要求中所记载的技术方案与公知的扑克牌的区别之处仅仅在于非技术性的游戏规则，在解决的问题和获得的效果方面对现有技术所作出的贡献是非技术性的，因此权利要求保护的内容不属于《专利法实施细则》第2条第1款所规定的技术方案，不是《专利法》保护的客体，同时该申请也不符合《专利法》第25条第1款第（2）项的规定。

申请人对上述驳回决定不服，向专利复审委员会提出复审请求，认为该发明不是智力活动的规则和方法，属于《专利法》第25条第1款保护的客体。

专利复审委员会在审查决定中作出如下认定：权利要求书中请求保护的“以英语二十六个基本字母为牌点”的英文纸牌与公知的扑克牌的区别不仅仅在于游戏规则不同，还包括“不同的纸牌张数”“纸牌上标注的新的标识”这样的产品技术特征，也就是说权利要求对现有技术的贡献不仅仅在于新的游戏规则，还体现为一种新的纸牌产品，因此该申请的权利要求不属于《专利法》第25条第1款第（2）项所规定的“智力活动的规则和方法”。同时由于权利要求采用了技术手段（利用了“不同的纸牌张数”“纸牌上标注新的标识”这样的产品技术特征），解决了技术问题并产生了技术效果（提供了一种新的纸牌产品），因而也构成了《专利法实施细则》第2条第1款所述的“技术方案”。专利复审委员会据此作出了撤销驳回决定的复审决定。

【案例1-7】专利复审委员会第13092号无效宣告请求审查决定简介

专利复审委员会于2009年3月20日作出第13092号无效宣告请求审查决定。该决定涉及申请日为2001年5月2日、授权公告日为2005年6月15日、名称为“具有机械强度和隔音性能的层状玻璃板”的第01121694.8号发明专利。

该专利授权公告的权利要求1如下：

“1. 用作构成层状玻璃板单元的单层夹层的、厚度为 d_1 的聚合物膜的抗撕裂性的测定方法，其特征在于：

测定所述夹层的临界能量 J_c 值，即代表所述夹层中裂纹扩散所必需的能量值；

通过关系式 $\tilde{J}=J_c\times d_1$ 计算确定与厚度相关的临界能量 $\tilde{J}_c$ 值；

$\tilde{J}_c$ 与代表有 0.38 毫米厚度和等于 13.3J/m 的 PVB 膜的参考值 $\tilde{J}_{ref}$ 相比较；

当 $\tilde{J}_c>\tilde{J}_{ref}$ 时，所述夹层符合抗撕裂性标准。”

针对该专利权，请求人向专利复审委员会提出无效宣告请求，认为：权利要求 1 只是“测定 J_c 值，计算 $\tilde{J}_c$ 值，与 PVB 膜的 $\tilde{J}_{ref}$ 相比较，得出抗撕裂性结论”，完全是智力活动的规则和方法，并引用《审查指南 2006》第 255 页的例 2 进行说明，因此权利要求 1 属于《专利法》第 25 条第 1 款第（2）项规定的情形，同时也不符合《专利法实施细则》第 2 条第 1 款的规定。

专利权人认为：该专利与《专利法》第 25 条规定的情形有区别，其提供了与以往落球试验不同的测定方法，解决了技术问题，利用了技术手段，产生了技术效果，同时也符合《专利法实施细则》第 2 条第 1 款的规定。请求人提到的《审查指南 2006》第 255 页的例 2 是计算机程序，与该专利的情形不同。

经审查合议组认为：首先，《审查指南 2006》第 255 页的例 2 涉及计算机程序发明专利的审查，并不适用于本案，本案应该适用《审查指南 2006》第二部分第一章的规定。其次，根据《审查指南 2006》的相关规定，如果一项权利要求仅仅涉及智力活动的规则和方法，则属于《专利法》第 25 条第 1 款第（2）项规定的情形，不应当被授予专利权。如果一项权利要求在对其进行限定的全部内容中既包含智力活动的规则和方法的内容，又包含技术特征，则该权利要求就整体而言并不是一种智力活动的规则和方法，不应当依据《专利法》第 25 条排除其获得专利权的可能性。而该专利权利要求 1 中存在“测定 Jc 值”的技术特征，根据说明书的记载，其采用说明书图 2 中所示的张力—挤压试验机进行，提供了一种测定某聚合物膜在某厚度下是否符合抗撕裂性标准的便利方法，利用了自然规律，解决了技术问题，产生了技术效果，因而权利要求 1 构成了技术方案，符合《专利法实施组则》第 2 条第 1 款的规定，也不属于《专利法》第 25 条第 1 款第（2）项规定的情形。因此请求人的上述主张缺乏法律依据，合议组不予支持，据此作出了维持该专利有效的审查决定。

【案例评析】

关于发明专利的客体，《专利法实施细则》第 2 条第 1 款规定：“专利法所称发明，是指对产品、方法或者其改进所提出的新的技术方案。"《专利法》第25条第1款第（2）项规定，对"智力活动的规则和方法"不授予专利权。

智力活动，是指人的思维运动，它源于人的思维，经过推理、分析和判断产生出抽象的结果，或者必须经过人的思维运动作为媒介，间接地作用于自然产生结果。智力活动的规则和方法是指导人们进行思维、表述、判断和记忆的规则和方法。由于其没有采用技术手段或者利用自然规律，也未解决技术问题和产生技术效果，因而不构成技术方案。因此，指导人们进行这类活动的规则和方法不能被授予专利权。由此可见，智力活动的规则和方法不能授予专利权是由于其本质上不属于专利法意义上的发明创造，而仅是对人类思维活动的描述和总结，在客观上没有产生改造自然界的结果。

关于是否属于"智力活动的规则和方法"，2001年修改的《审查指南2001》采用了"贡献论"的判断方法，其规定：如果一项发明就整体而言并不是一种智力活动的规则和方法，但是发明的一部分属于智力活动的规则和方法，则不应当完全排除其获得专利权的可能性。能否被授予专利权，需要具体分析，按下述两种情况区别对待：（1）如果发明对于现有技术的贡献仅仅在于属于智力活动的规则和方法的部分，则应将该发明视为智力活动的规则和方法，不授予其专利权；（2）如果发明对于现有技术的贡献不在于或不仅仅在于属于智力活动的规则和方法的部分，则不能依据《专利法》第25条第1款第（2）项拒绝授予其专利权。

案例1-6作出决定时适用2001年修改的《审查指南2001》的规定，因该案"英文纸牌"发明对于现有技术的贡献不仅仅在于新的游戏规则，还在于"不同的纸牌张数""纸牌上标注的新的标识"这样的产品技术特征，也就是说还体现为一种新的纸牌产品，因此不能依据《专利法》第25条第1款第（2）项拒绝授予其专利权。同时，因为该案发明采用了技术手段或者利用了自然法则（如利用了"不同的纸牌张数""纸牌上标注新的标识"这样的产品技术特征），解决了技术问题并产生了技术效果，因而也构成了《专利法实施细则》第2条第1款所规定的"技术方案"。

然而，"贡献论"的判断方法存在如下问题：第一，需要审查员通过对现有技术进行检索之后进行判断，在审查逻辑上不够合理；第二，会因对比文件不同而导致结论不同，容易使判断不够客观；第三，会出现不合理的结果，例如独立权利要求不具备新颖性，从属权利要求的贡献仅在于智力活动的规则和方法，则认为该从属权利要求的技术方案属于智力活动的规则和方法，造成逻辑上的错误。[1] 因此，2006 年修改的《审查指南》中将上述判断方法删除，并规定：如果一项权利要求在对其进行限定的全部内容中既包含智力活动的规则和方法的内容，又包含技术特征，则该权利要求就整体而言并不是一种智力活动的规则和方法，不应当依据《专利法》第 25 条排除其获得专利权的可能性。如果一项权利要求除其主题名称之外，对其限定的全部内容仅仅涉及一种算法或者数学计算规则，或者程序本身，或者游戏的规则和方法等，则该权利要求实质上仅仅涉及智力活动的规则和方法，不属于专利保护的客体。现行《专利审查指南 2010》延续了上述规定，要求把权利要求作为一个整体来考虑其实质上是否采用遵循自然规律的技术手段解决了技术问题，并获得了符合自然规律的技术效果。

例如，案例 1－7 从整体上来看是利用了自然规律、解决了技术问题、产生了技术效果的技术方案，其不属于智力活动的规则和方法，因而符合《专利法实施细则》第 2 条第 1 款的规定，也不属于《专利法》第 25 条第 1 款第（二）项规定的情形。

（撰稿人：郭建强）

第五节　对是否为疾病的诊断和治疗方法的认定

【案例 1－8】专利复审委员会第 12758 号无效宣告请求审查决定简介

专利复审委员会于 2008 年 11 月 28 日作出第 12758 号无效宣告请求审查决定。该决定涉及申请日为 2001 年 4 月 25 日、授权公告日为 2007 年 1 月 24 日、名称为“上皮干细胞的扩展方法”的第 01808164.9 号发明专利。

该专利授权公告的部分权利要求如下：

“1. 一种施用到受试部位的外科移植物，所述的移植物的特征在于含有：包含羊膜细胞和保有完整性的细胞外基质的羊膜；和在所述羊膜上扩展的上皮干细胞。”

“3. 根据权利要求 1 的外科移植物，其特征在于，在健康眼睛上进行的角膜缘生物活组织检测得到的角膜缘组织是所述上皮干细胞的来源。”

“5. 根据权利要求 1 的外科移植物，其特征在于，所述的上皮干细胞取自与受试部位相应的生物和组织相容性的健康部位的生物活组织。

“6. 一种用于损坏的受试部位的外科移植物的制备方法，所述的方法的特

---

[1] 国家知识产权局专利局审查业务管理部．审查指南修订导读 2006［M］．北京：知识产权出版社，2006：118.

征在于，包括的步骤是：a）将生物活组织作为外植体放置于羊膜上，所述羊膜为包含羊膜细胞和保有完整性的细胞外基质的羊膜；以及 b）使上皮干细胞在所述的羊膜上扩展。

“7. 根据权利要求 6 的方法，其中所述的羊膜具有一个基膜侧；其特征在于，所述的放置于羊膜上的步骤包括将所述的外植体载置于所述羊膜的基膜侧。

“8. 根据权利要求 7 的方法，其特征在于，所述的载置使得所述扩展的上皮细胞朝上定位于被损坏的受试部位。”

针对该专利权，请求人于 2008 年 7 月 2 日向专利复审委员会提出无效宣告请求，其无效宣告理由包括：（1）权利要求 3 涉及在健康眼睛上得到角膜缘生物活组织；权利要求 5 中涉及上皮干细胞取自生物活组织，二者均属于对人体创伤性的处置方法，是外科手术方法；（2）权利要求 8 涉及定位于被损坏的受试部位，属于疾病的治疗方法。因此，该专利权利要求 3、权利要求 5、权利要求 8 是以有生命的人体进行的创伤性治疗方法，属于《专利法》第 25 条第 1 款第（3）项规定的不能被授予专利权的内容。

专利复审委员会在无效审查决定中认定：（1）权利要求 3 和权利要求 5 均要求保护一种“外科移植物”，其限定部分分别为“在健康眼睛上进行的角膜缘生物活组织检测得到的角膜缘组织是所述上皮干细胞的来源”“所述的上皮干细胞取自与受试部位相应的生物和组织相容性的健康部位的生物活组织”。权利要求 3 和权利要求 5 要求保护的方案仅仅是进一步限定了外科移植物中所用上皮干细胞的来源，并不涉及获取上皮干细胞的处置过程或外科手术方法，其直接目的只是为了获得性能优良的外科移植物，而不是以有生命的人体或者动物体为直接实施对象来识别、确定或消除病因或病灶，故不属于疾病的诊断和治疗方法；（2）权利要求 8 要求保护一种外科移植物的制备方法，其限定部分为“所述的载置使得所述扩展的上皮细胞朝上定位于被损坏的受试部位”，主要是通过使用效果对移植物制备过程中载置的方式即外植体在羊膜上的位置作出了进一步的限定和要求，并不涉及所得移植物的施用以及施用过程中将移植物中扩展的上皮细胞朝上定位于被损坏受试部位的方法，其直接目的是为了获得性能优良适用的外科移植物，而不是以有生命的人体或者动物体为直接实施对象来识别、确定或消除病因或病灶，故不属于疾病的诊断和治疗方法。因此，请求人关于权利要求 3、权利要求 5 属于外科手术方法，权利要求 8 属于疾病的治疗方法，从而属于《专利法》第 25 条第 1 款第（3）项规定的不予授权的情形的主张不能成立。

【案例评析】

《专利法》第 25 条第 1 款第（3）项规定，对疾病的诊断和治疗方法不授予专利权。

《审查指南 2006》第二部分第一章第 4.3 节规定：疾病的诊断和治疗方法，是指以有生命的人体或者动物体为直接实施对象，进行识别、确定或消除病因或病灶的过程。它分为疾病的诊断方法和治疗方法。诊断方法，是指为识别、研究和确定有生命的人体或动物体病因或病灶状态的过程。治疗方法，是指为使有生命的人体或者动物体恢复或获得健康或减少痛苦，进行阻断、缓解或者消除病因或病灶的过程。治疗方法包括以治疗为目的的或者具有治疗性质的各种方法，预防疾病或者免疫的方法视为治疗方法。❶

将“疾病的诊断和治疗方法”排除在专利权客体之外的原因，与排除“科学发现”和“智力活动的规则和方法”的原因有所不同，主要是出于人道主义、社会伦理以及国家政策的考虑，即医生在对病人进行诊断和治疗的过程中应当有选择各种有效方法和条件的自由，以使病人能够及时得到救治；另外，这类方法是直接以有生命的人体或动物体为实施对象，也无法在产业上应用，因此疾病的诊断和治疗方法不能被授予专利权。❷ 但是，用于实施疾病诊断和治疗方法的仪器或装置，以及在疾病诊断和治疗方法中使用的物质或材料属于可被授予专利权的客体。

由此看来，判断一项专利申请要求保护的主题是否属于《专利法》第 25 条第 1 款第（3）项不授予专利权的客体：其一，要判断请求保护的主题是否涉及一种方法和过程，且其是否属于进行识别、确定或消除病因或病灶的过程；其二，要判断是否以有生命的人体或者动物体为直接实施对象；其三，还可以从立法目的出发来帮助判断。其中，请求保护的主题既是判断的对象，也是判断过程中影响结论的重要内容。

本案中，权利要求 3 和权利要求 5 请求保护一种外科移植物，其中仅仅描述和限定了上皮干细胞的来源，并不涉及任何取用的过程和方法，当然也就不涉及以有生命的人体或者动物体为直接实施对象进行识别、确定或消除病因或病灶的过程；权利要求 8 请求保护一种外科移植物的制备方法，其中关于“使得所述扩展的上皮细胞朝上定位于被损坏的受试部位”的描述是进一步限定外科移植物制备过程中“将生物活组织作为外植体放置于羊膜上”的放置方法和方向，并不涉及疾病治疗的过程，即不涉及以有生命的人体或者动物体为直接实施对象进行识别、确定或消除病因或病灶的过程；此外，从立法目的出发，该专利权利要求 3、权利要求 5 和权利要求 8 请求保护的主

❶ 国家知识产权局．审查指南 2006［M］．北京：知识产权出版社，2006：115－117.

❷ 国家知识产权局．审查指南 2006［M］．北京：知识产权出版社，2006：115.

题和内容均不涉及疾病的诊断方法，也不涉及采用所述外科移植物治疗疾患的方法、条件和过程，所以并无限制医生在诊断和治疗过程中选择各种方法和条件之自由的可能。故权利要求3、权利要求5和权利要求8均不属于《专利法》第25条第1款第（3）项不授予专利权的客体。

需要注意的是，关于疾病诊断方法的判断，根据《审查指南2001》的规定，如果一项发明创造同时满足如下三个条件：以有生命的人体或动物体为对象；以获得疾病诊断结果为直接目的；包括诊断全过程，则不能被授予专利权。由于这一判断方法在审查实践中遇到了问题，如体外诊断方法因在形式上不包括全过程，不符合第三个条件“包括诊断全过程”，就会导致该体外诊断方法可能被授予专利权，而这又有悖于专利法的立法宗旨。❶ 因此，在《审查指南2006》中，将“包括诊断全过程”删除，将第二个条件修改为“以获得疾病诊断结果或健康状况为直接目的”，这样可以避免把不应授予专利权的“诊断方法”授予专利权。《专利审查指南2010》延续了上述规定。

（撰稿人：周文娟　李德宝）

❶ 国家知识产权局专利局审查业务管理部．审查指南修订导读2006［M］．北京：知识产权出版社，2006：118.

第二章　说明书充分公开的判断

《专利法》第 26 条第 3 款规定："说明书应当对发明或者实用新型作出清楚、完整的说明，以所属技术领域的技术人员能够实现为准。"该条款是对专利申请人撰写发明或者实用新型专利申请文件提出的最基本要求。

从立法本意上讲，《专利法》第 26 条第 3 款是对说明书实质性内容的规定。其源自专利制度的对价理论——"以公开换保护"。一方面专利制度保护申请人的利益，对其作出贡献的专利技术授予一定时间的排他权，从而鼓励发明创造；另一方面专利制度促使技术信息充分公开，以使所属技术领域的技术人员能够在公开的技术信息基础上进一步开发研究新技术，同时也能使公众在专利保护期过后能够自由地使用相关的专利技术。即专利权人获得国家授予的一定期限内对其发明创造享有的垄断权，其也要向社会公众充分地公开其发明内容，向社会公众提供用以理解和实施其发明创造的技术信息，达到所属技术领域的技术人员能够实现的程度，以平衡专利权人和社会公众的利益关系。

《专利法》第 26 条第 3 款中规定的"清楚""完整"和"能够实现"是一个整体，其中"能够实现"是对"清楚""完整"程度的要求。那么说明书记载到何种程度，才算满足"清楚"和"完整"的要求？这一点与判断者的水平息息相关，不同的判断主体也许会得出截然相反的结论。例如一份涉及化学产品的说明书，对化学领域的专业人士而言可能已经足够清楚、完整，但若让电学领域的专业人士对其进行判断，则很可能会认为该说明书公开不充分。因此，该法条直接明确地规定了判断主体为所属技术领域的技术人员。所属技术领域的技术人员，也可称为本领域的技术人员，是指一种假设的"人"，他被假定成知晓申请日或者优先权日之前发明所属技术领域所有的普通技术知识，能够获知该领域中所有的现有技术，并且具有应用该日期之前常规实验手段的能力，但他不具有创造能力。如果所要解决的技术问题能够促使本领域的技术人员在其他技术领域寻找技术手段，他也应具有从该其他技术领域中获知该申请日或优先权日之前的相关现有技术、普通技术知识和常规实验手段的能力。

第一节 《专利法》第26条第3款的考查对象是“与权利要求直接相关的技术方案”

【案例2-1】专利复审委员会第27614号复审请求审查决定简介

专利复审委员会于2010年10月15日作出第27641号复审决定。该决定涉及申请号为200610135237.6.名称为“一种制取生物提取物的专用设备及方法”的发明专利申请。

该申请权利要求1如下：

“1.一种制取生物提取物的专用设备，其特征是真空内转鼓干燥机（12）的气体出口与冷井（13）的进口相接，冷井（13）的气体出口与真空泵（14）进口相接；真空内转鼓干燥机（12）的进口与膜过滤装置（11）的出口相接，膜过滤装置（11）的进口通过管道（10）与离心机（9）的液体出口相接，离心机（9）的进口与生物提取器（8）的出口相接，生物提取器（8）的进口与微波管道反应器（7）的出口相接，微波管道反应器（7）的进口与增压输送泵（6）的出口相接，增压输送泵（6）的进口与混合槽（5）底部出口相接，液体溶液定量输送泵（4）、粉状原料定量输送泵（2）出口分别伸入到混合槽（5）内。”

针对该申请，国家知识产权局原审查部门指出：权利要求1请求保护一种制取生物提取物的专用设备，该设备含有一个膜过滤装置。该申请说明书记载了该发明采用申请号为200520076422.3的中国专利申请中的一种膜过滤装置，但申请号为200520076422.3的专利申请在该申请的申请日之前并没有公开，并且直至该申请被公开时，该被引证的200520076422.3号专利申请也没有被公开，同时该申请说明书和权利要求书也没有记载该膜过滤装置的具体结构，本领域技术人员无法确定该膜过滤装置的具体结构。因此，该申请的说明书未对发明作出清楚、完整的说明，不符合《专利法》第26条第3款的规定。

专利复审委员会成立合议组对本案进行审理，并作出复审决定。复审决定认定：对于在说明书中存在的，但权利要求书没有要求保护的技术方案不必要求其必须符合《专利法》第26条第3款有关说明书充分公开的规定。该申请权利要求1要求保护一种制取生物提取物的专用设备，上述技术方案已经记载在说明书的发明内容部分，并且说明书具体实施方式部分进一步结合附图对上述技术方案进行了说明，同时说明书中还给出了具体实施例，因此，说明书已经对上述技术方案作出了清楚、完整的说明，本领域技术人员根据说明书公开的内容就能够实现上述技术方案，符合《专利法》第26条第3款的规定。关于前审认为申请号为200520076422.3的专利申请中特定的膜过滤装置没有在该申请说明书中被充分公开导致该申请不符合《专利法》第26条第3款的规定的问题，复审决定认为，该申请权利要求书并没有就使用上述特定膜过滤装置的技术方案进行保护，且“膜过滤装置”在现有技术中已经被公开，其并非200520076422.3号中国专利申请的开创性发明创造，因此，不应以此为理由认为该申请不符合《专利法》第26条第3款的规定。据此，复审委作出了撤销国家知识产权局于2009年6月19日对该申请作出的驳回决定的复审决定。

【案例评析】

作为对专利制度的基本共识，“以公开换保护”已经成为专利制度存在和发展的重要基石。对其最基本的理解是：发明人以向社会公众公开其作出的具备新颖性、创造性和实用性的发明创造，换取国家授予其一定时间期限内的专利排他权。说明书作为记载发明内容的主要部分，其所起到的主要作用是：将发明或者实用新型的技术方案清楚、完整地公开出来，使所属领域的技术人员能够理解并实施该发明或者实用新型，从而为社会公众提供新的有用的技术信息，有利于发明创造的推广。权利要求书是对一份专利说明书内容的提炼和总结，归纳发明创造的实质和核心所在；同时，权利要求书也是一份重要的法律文件，确定了专利权的保护范围。只有在权利要求书保护范围内的技术方案才能被国家授予专利权，也是专利权人真正实现排他的技术方案。

根据权利义务对等的原则，对专利权人充分公开其发明创造内容的要求，应当与其要求保护的范围相适应，对其没有要求保护的技术方案不应苛以同样的要求，因此，对于说明书公开充分的要求应当仅仅限于专利权人在其权利要求书中请求保护的技术方案。

本案中，虽然申请号为200520076422.3的专利申请中特定的膜过滤装置没有在该申请说明书中被充分公开，但该申请权利要求书保护的技术方案并不要求使用上述特定膜过滤装置，而说明书发明内容部分、具体实施方式部分和实施例均公开了使用“膜过滤装置”的技术方案（即权利要求书要求保护的技术方案），且“膜过滤装置”在现有技术中已经被公开，其并非200520076422.3号中国专利申请的开创性发明创造，此时权利要求1中的“膜过滤装置”应理解为现有技术中已有的“膜过滤装置”，因此，虽然说明书中存在公开不充分的内容，但由于权利要求并没有保护涉及上述内容的技术方案，故不应当依据上述内容认为该申请不符合《专利法》第 26 条第 3 款有关说明书公开充分的规定。

最后，还需要提醒关于说明书中引证文件的问题。在专利申请实践中，很多专利申请人采用了“参见 CN×××中的具体内容”这种引证文件的方式来简洁地阐述发明内容。而当引证文件作为对发明技术方案或技术特征的说明时，如何确定引证文件的内容是否属于发明本身原始公开的内容十分重要。目前《审查指南 2006》第二部分第二章第 2.2.3 节对引证文件作出规定，所引证的非专利文件和外国专利文件的公开日应当在该申请的公开日之前；所引证的中国专利文件的公开日不能晚于该申请的公开日。专利申请人在采用引证文件方式撰写申请文件时，应特别注意上述规定，否则可能会使得引证文件之具体内容不能作为该申请原始记载的一部分。

（撰稿人：王冬）

第二节 《专利法》第 26 条第 3 款的判断主体是“所属领域的技术人员”

【案例 2－2】专利复审委员会第 17517 号复审请求审查决定简介

专利复审委员会于 2009 年 6 月 8 日作出第 17517 号复审请求审查决定。该决定涉及申请日为 2006 年 2 月 16 日，公开日为 2006 年 9 月 6 日，名称为“一种屏蔽红外、远红外线及导电玻璃、陶瓷膜的制备方法”的第 200610020291.6 号发明专利申请。

2008 年 3 月 7 日，国家知识产权局实质审查部门以该申请说明书不符合《专利法》第 26 条第 3 款的规定为由驳回了该申请。

驳回决定所针对的权利要求 1 如下：

“1. 一种屏蔽红外、远红外线及导电玻璃、陶瓷膜制造方法。

以 $SnCl_4$、$SbCl_3$为原料，其摩尔比为 Sn：Sb＝100：（0.5～20），加入到有机惰性溶剂中形成混合液，通入氨气再滴加醇类，反应形成 Sn、Sb 醇盐混合液，除去 NH_4Cl 后在混合液中加入添加剂，涂层玻璃、陶瓷，然后热处理得成品。

其特征在于：

①将 $SnCl_4$、$SbCl_3$加入到惰性含碳、氢、氮、氧有机溶剂中形成混合物，这种溶是饱和脂肪烃、芳烃、醚类、吡啶及其衍生物轻质石蜡油的一种或具混合物，$SnCl_4$与有机溶剂的重量比为 1：2.7～20。

②将混合液放入密闭容器中通 NH_3 并滴加醇类，醇类加量为 $SnCl_4$ 摩尔比的 5.5～6.5 倍。

③分离除去 NH_4Cl 后在分离液中加入添加剂用量为 $SnCl_4$ 重量的 0.01%～25%，充分搅拌混合溶解。

④将③自备好的混合液用于玻璃、陶瓷涂层。

⑤将④涂层制备好的玻璃、陶瓷，在 500～1300℃烧结好得成品。”

驳回决定认为：该申请权利要求 1～5 请求保护的技术方案涉及制造导电玻璃、陶瓷膜的方法，所述膜具有屏蔽红外、远红外线功能，但是说明书中对于该功能仅进行了概括性描述，没有具体的试验证据表明所述膜具有所述功能；而且由于各种物质经过化学、物理反应后其性能是不可预测的，本领域技术人员根据本领域的公知常识无法确认将四氯化锡、三氯化锑经过该申请所述的处理后附着在玻璃、陶瓷表面确实具有屏蔽红外、远红外线功能这一事实能够成立，因而该申请保护的技术方案必须依赖相应的试验证据来证明，而说明书中没有记载相应的证据，导致说明书没有充分公开其发明内容，不符合《专利法》第 26 条第 3 款的规定。

请求人向专利复审委员会提出了复审请求，同时提交了部分现有技术。请求人认为上述现有技术可以证明该申请已经充分公开。

对此，合议组认为：该申请请求保护一种屏蔽红外、远红外线及导电玻璃、陶瓷膜的制备方法，在说明书中，请求人对该方法所使用的原料和工艺步骤作出了具体描述，包括：将 $SnCl_4$、$SbCl_3$ 加入到有机惰性溶剂中形成混合液，向该混合液通入氨气再滴加醇类形成 Sn、Sb 醇盐混合液，除去 NH_4Cl 后在混合液中加入添加剂，涂布到玻璃、陶瓷表面，然后对其进行热处理，即得到具有屏蔽红外、远红外线及导电功能的膜；说明书中还记载了各种反应物质的摩尔比或重量比，有机惰性溶剂、醇类和添加剂的具体选择范围，涂层的涂布方法和热处理的具体工艺条件。

说明书背景技术部分及其引证的专利文献 CN1563231A 和 CN1639265A 中还对现有技术中制备屏蔽红外、远红外线及导电玻璃、陶瓷膜的制备方法作出了描述，即为：先合成出 ATO 固体粉末，然后在粉末中加入分散剂或添加剂等分散形成涂料，再采用高温溅射法、液相法等方法将涂料涂布在玻璃、陶瓷上形成膜。此外，根据请求人提交的附件可知，现有技术中可以通过如下方法生产 ATO 固体粉末：将 $SnCl_4$ 溶解于水制得 $SnCl_4$ 溶液，将 $SbCl_3$ 溶解于醇制得 $SbCl_3$ 醇溶液，向 $SnCl_4$ 溶液中并行滴加 $SbCl_3$ 醇溶液和氨水溶液生成共沉淀物，将共沉淀物倾析除去氯离子，然后干燥、焙烧后，即得到 ATO 固体粉末。由此可知，该发明的本质在于对现有技术中生产 ATO 固体粉末的主要原料，包括 $SbCl_3$、$SnCl_4$、醇、氨气等，进行一些与现有技术不同的处理，从而直接制成涂层液涂布在载体表面成膜，简化现有技术先合成 ATO 固体粉末再将其分散成涂层液的工艺步骤。

该申请的制备方法包括 5 个步骤。根据本领域的公知常识，$SnCl_4$ 和 $SbCl_3$ 均能溶解于苯、醚类、丙酮等有机溶剂中，并且不与其发生反应，因此在第 1 步中并没有发生化学反应。在第 2 步中，$SnCl_4$ 和 $SbCl_3$ 与氨气和醇类发生化学反应，其反应物与现有技术制备 ATO 粉末的反应物基本相同。在第 3 步中首先要进行分离以除去 NH_4Cl，其作用与现有技术对共沉淀物进行倾析的作用相同，且分离是物理分离，不发生化学变化，分离后要在剩余分离液中加入添加剂，添加剂为聚乙酸乙烯酯、聚乙二醇、三乙醇胺等，均为胶粘剂。本领域技术人员根据说明书的记载和该申请的本质可以确定，胶粘剂的作用是直接将分离液制备成混合液以在后续步骤中涂布在基体上，其与现有技术在 ATO 粉末中加入分散剂或添加剂形成涂料的步骤相似。第 4 步是将第 3 步制得的混合液涂布在玻璃或陶瓷表面，其与现有技术涂布 ATO 粉末分散后形成的涂料的步骤类似。第 5 步是将涂有混合液的玻璃、陶瓷烧结，本领域技术人员可以确定，烧结过程中混合液中的惰性有机溶剂会挥发，该步骤能够起到现有技术将共沉淀物干燥焙烧以及将涂料固化成膜的作用，烧结后会在玻璃、陶瓷上形成 ATO 膜。综上所述，本领域技术人员在理解发明本质的前提下，利用常规技术水平能够确定，该申请利用现有技术中生产 ATO 固体粉末的主要原料直接制成涂层液涂布在载体表面形成 ATO 膜的技术方案可以实现。且由上述分析可知，利用该申请的制备方法形成的是 ATO 膜，而 ATO 膜所具有的导电、隔热、可屏蔽红外线等功能是本领域的公知常识，不属于需要依赖实验结果证实才能成立的情况。因此根据说明书所记载的内容能够实施发明并实现发明所欲达到的目的。即该申请说明书已对发明作出了清楚、完整的说明，符合《专利法》第 26 条第 3 款的规定。根据上述的事实和理由，合议组作出了撤销驳回决定的复审决定。

【案例评析】

对于化学方法的充分公开而言，通常情况下，要求说明书完整记载该方法所用的原料物质、工艺步骤和工艺条件，必要时记载方法对于目标产物性能、效果的影响，使得所属技术领域的技术人员按照说明书记载的方法去实施时能够解决该发明要解决的技术问题。之所以对化学方法的充分公开作出上述规定，原因在于化学方法的可预测性比较低，所属技术领域的技术人员在很多情况下难以预测该化学方法是否能够制备出具有特定性能、效果的目标产物，解决该发明所需要解决的技术问题；此时，需要确认能够表征目标产物特定性能效果的理化确认数据，使得所属技术领域的技术人员确信可以重现该发明并解决该发明的技术问题。确认数据是化学方法发明的重要内容，其能明确表达该化学方法确实能够制备出具有特定性能效果的目标产物，但并非不可或缺。是否必须要有确认数据，要以所属技术领域的技术人员这一判断主体的水平来判断。只有在保证对该主体正确认知的前提下，才能对涉及化学方法发明是否必须要有确认数据的问题得出正确的结论。

“所属技术领域的技术人员”是假想人，其具有普通技术知识并能够获知相关现有技术。在审查发明创造是否充分公开时，应当采用各种方式途径来接近所属领域的技术人员的水平以尽量客观得出说明书“是否公开充分”的结论。例如，可以通过阅读说明书的背景技术、引证文献、检索相关领域的知识和技术内容不断地充实自我以正确确定所属技术领域的技术人员应有的技术水平。进一步，要准确分析涉案专利申请的发明点，并判断所属技术领域的技术人员在理解发明点的前提下，能否根据其具备的常规技术水平实现专利申请涉及的技术方案，进而达到实现发明目的。

具体到本案中，合议组在阅读该专利说明书背景技术部分及其引证的专利文献 CN1563231A 和 CN1639265A 以及请求人提交相关现有技术的基础上，判断出所属技术领域的技术人员所应掌握的现有技术及普通知识。进而根据说明书的记载以及相关现有技术确定该发明的发明点，即对现有技术中生产 ATO 固体粉末的主要原料，包括 $SbCl_3$、$SnCl_4$、醇、氨气等，进行一些与现有技术不同的处理，从而直接制成涂层液涂布在载体表面成膜，简化现有技术先合成 ATO 固体粉末再将其分散成涂层液的工艺步骤。在理解该发明点的前提下，该决定详细分析了本领域技术人员如何可以利用常规技术水平来判断技术方案可以实现，能否根据说明书所记载的内容实施发明并实现发明目的。

需要提醒的是，如果所属技术领域的技术人员在说明书公开的信息的基础上，结合其知晓的现有技术、普通知识等不能预期该化学方法必然能够制备出具有特定性能、效果的目标产物，说明书中是否提供了相应的定性和/或定量效果数据则成为判断公开充分不可缺少的一个考虑因素。此时提供表明可以制备出具有特定性能、效果的目标产物的定性或定量确认数据就成为申请人为获得权利而必须履行的义务，并且这一义务必须在申请日之前完成并将其记载在原始申请文件中；并且这一义务的履行不能通过申请日后的工作加以完善，即不能通过在申请日后甚至在实质审查过程中递交相关定性或定量确认数据来克服说明书公开不充分的实质缺陷。

（撰稿人：任颖丽）

第三节　技术效果与充分公开

【案例2-3】专利复审委员会第13688号无效宣告请求审查决定简介

专利复审委员会于2009年7月17日作出第13688号无效宣告请求审查决定。该决定涉及2008年12月17日授权公告的、名称为“直排式真空预压法加固软土地基结构”的第200820075002.7号实用新型专利。

该专利授权公告的权利要求如下：

“1. 一种直排式真空预压加固软土地基结构，该结构竖向打入需处理的软土地基，其特征是：该结构包括有塑料排水板（1）、真空滤管（2）、工作垫层（3），所述塑料排水板（1）的上端与水平设置的多根真空滤管（2）直接相连，将与真空滤管（2）连接后的塑料排水板（1）上端埋入工作垫层（3）或置于工作垫层（3）的表面，所述真空滤管（2）与抽真空设备（6）密封连接。

“2. 根据权利要求1所述的直排式真空预压法加固软土地基结构，其特征是：所述与真空滤管（2）连接后的塑料排水板（1）为一排或多排。

“3. 根据权利要求1所述的直排式真空预压法加固软土地基结构，其特征是：所述与真空滤管（2）连接后的塑料排水板（1）上端直接置于软土地基（7）的表面。

“4. 根据权利要求2所述的直排式真空预压法加固软土地基结构，其特征是：所述与真空滤管（2）连接后的塑料排水板（1）上端设有防淤堵保护层。”

无效宣告请求人提出的无效宣告理由中包括该专利权利要求4不符合《专利法》第26条第3款的规定。无效宣告请求人认为：（1）该专利权利要求4中的“上端设有防淤堵保护层”在说明书中没有具体说明，所属领域的技术人员不清楚什么是防淤堵保护层、如何设置防淤堵保护层，因此所述技术方案无法实现；（2）防淤堵是地基真空排水处理技术的核心，其效果的好坏取决于防淤堵层，但涉案专利并没有对此作出详细的说明。

专利权人认为：防淤堵保护层及其设置属于该领域的公知常识，无需在说明书中予以详细描述，因此该专利说明书的技术方案已经充分公开，符合《专利法》第26条第3款的规定。为证明防淤堵保护层及其设置属于该领域的公知常识，专利权人提交了如下证据：国家质量技术监督局和建设部于1998年12月22日发布、1999年1月1日实施的《中华人民共和国国家标准——土工合成材料应用技术规范（GB50290—98）》的封面页和正文第4.1.1节至第4.5.3节的复印件，共5页。

对于以上争议，合议组认为：首先，在真空预压法加固软土地基工程中使用土工合成材料作为防淤堵保护层及其具体的设置方法已经被专利权人提交的证据公开，由于该证据是国家标准，因此上述技术措施属于所属技术领域的公知常识。其次，该专利说明书第4页第2段及权利要求4对防淤堵保护层的设置位置进行了说明，说明书第4页第2段又明确了防淤堵保护层的作用，因此所属领域的技术人员在权利要求4和说明书公开内容的基础上能够实现权利要求4中所述设置防淤堵保护层的技术方案。

对于无效宣告请求人所强调的防淤堵是地基真空排水处理技术的核心，其效果的好坏取决于防淤堵层，但该专利并没有对此作出详细的说明，因此导致公开不充分的理由，合议组认为：现有技术中已经存在防淤堵的一般技术措施，本领域技术人员能够实现设置防淤堵保护层的技术方案，在一定程度上解决地基排水中存在的淤堵问题，并能获得与现有技术水平相当的技术效果，因此说明书已经充分公开了设置防淤堵保护层的技术方案。就该专利而言，其提出的目的是为了“降低真空度传递过程中的能量损失，提高真空度传递效率”，而并非提供一种优于现有技术的防淤堵措施。综上，说明书公开的技术方案能否在解决防淤堵的技术问题方面获得优于现有技术的技术效果不应作为判断其技术方案能否实现的标准。

【案例评析】

本案中，双方争议的焦点在于：该专利的技术方案是否必须在现有技术的“核心问题”上有所建树，并在解决该问题时取得优于现有技术的技术效果才能达到充分公开技术方案的要求。

《专利法》第26条第3款规定，说明书应当对发明或者实用新型作出清楚、完整的说明，以所属技术领域的技术人员能够实现为准。

《审查指南2006》将该条款的判断细化为五种情形：（1）只给出任务和/或设想，或者只表明一种愿望和/或结果，而未给出任何使所属技术领域的技术人员能够实施的技术手段；（2）给出了技术手段，但对于所属领域的技术人员来说，该手段是含糊不清的，根据记载的内容无法具体实施；（3）给出了技术手段，但所属技术领域的技术人员采用该手段并不能解决发明或者使用新型所要解决的技术问题；（4）申请的主题为由多个技术手段构成的技术方案，对于其中的一个技术手段，所属技术领域的技术人员按照记载的内容并不能实现；（5）给出了具体技术方案，但未给出实验证据，而该方案又必须依赖实验结果加以证实才能成立。

上述五种情形实际上可以分为两类，第一类包括第（1）、（2）、（4）三项，均涉及发明、实用新型的技术方案没有被公开或者不完整；第二类包括第（3）、（5）两项，涉及对技术方案是否能够解决其技术问题和实际取得的技术效果的评价。其中要解决的技术问题可以是说明书中明确记载的技术问题、通过阅读说明书能够直接确定的技术问题，或者根据说明书记载的技术效果或者技术方案能够确定的技术问题，不应当用技术方案中的孤立技术特征推导整个技术方案所要解决的技术问题，也不必然要求发明或者实用新型必须取得优于现有技术的技术效果。并且，对于技术效果的评价标准也应当以取得发明、实用新型所"预期"的技术效果为准，而不能把取得"预料不到的技术效果"作为技术问题确已解决的评判标准。

本案中，"防淤堵保护层"的设置已经被证明属于本领域的公知常识，并且现有技术中的防淤堵保护层已经能够在一定程度上避免真空排水装置的堵塞，从而确保真空排水的实现。对该专利中的技术方案来说，其中的"防淤堵保护层"是否相对于现有技术作出了改进，以及是否使得其效果优于现有技术中的防淤堵保护层均对涉案专利所要解决的技术问题—"降低真空度传递过程中的能量损失，提高真空度传递效率"的解决不产生影响。因此，无效宣告请求人提出的该无效宣告理由与该专利权利要求 4 的技术方案是否被充分公开无关。

（撰稿人：陈晓亮）

第四节　技术问题、技术方案和技术效果三者在判断充分公开时的关系应当相互对应

【案例 2 - 4】专利复审委员会第 13688 号复审请求审查决定简介

专利复审委员会于 2009 年 3 月 25 日作出第 13688 号复审决定。该决定涉及发明名称为"贯流式真空海水淡化装置和方法"申请日为 2005 年 1 月 27 日、公开日为 2006 年 5 月 31 日的第 200510049005.4 号发明专利申请。

2008 年 5 月 16 日，国家知识产权局实质审查部门以该申请说明书不符合《专利法》第 26 条第 3 款的规定为由驳回了该申请，驳回决定所针对的权利要求 1 和权利要求 4 为：

"1. 贯流式真空海水淡化装置，其特征在于由海水泵（1）经管路连接海

水塔（2），海水塔连接脱气罐（3），脱气罐（3）分别连接多效罐（5～7）、单脱钙软化罐（4）、锅炉（8）、换热器（22）和冷凝器（15），各多效罐（5、6、7）串联，多效罐（7）连接冷凝器（21），冷凝器连接气液分离器（31～35），冷凝器或气液分离器连接换热器（22～28），多效罐连接极度浓缩罐（19）。”

“4. 如权利要求1所述的贯流式真空海水淡化的方法，其特征在于经杀生后的澄清海水由海水泵（1）送入海水塔（2），然后引入脱气罐（3）进行沸腾双重脱气，脱气后的热海水进入单脱钙软化罐（4）进行单脱钙软化，再将多效罐（5～7）抽成真空，抽真空时各效的淡水出口应预浸于淡水池中，抽气口位于气液分离器的上方，高度超过淡水池最高液位10米以上，待真空抽至极限后，关闭真空泵，打开单脱钙的软化海水出口阀，高温软化海水进入一效，然后逐效贯流直至N效，最后流入极度浓缩罐（9），当极度浓缩罐的液位到达设定位置后，N效就不再有液体继续流到极度浓缩罐，然后N效液位也到达设定液位，并直至一效也到位，转入正常工作；得浓缩液体各效均由前效自流获得补充，各效罐前产生的蒸汽各自穿过其所有后效各罐分别经冷凝出淡水。”

驳回决定认为：该申请请求保护的贯流式真空海水淡化装置和方法可以实现用真空泵对系统进行一次抽真空后，就保证在系统运行中维持永久真空。但是，在整个系统的管线中必然会存在若干阀门，这些阀门的密封很难达到绝对密封，也必然会出现漏气的现象。而说明书中并没有记载如何对这些部位进行绝对密封。因此对所属技术领域的技术人员来说，该手段是含糊不清的，根据说明书记载的内容无法具体实施。

复审请求人认为：本装置中物料为“脱气海水”而不会有空气进入，另外，常压系统“脱气罐3”与“单脱钙软化罐4”在管线中也没有与真空系统相连，此外，处于负压状态的蒸发系统的淡化凝水出水管口插入淡水池下层，空气不会倒流入系统，同时蒸发系统中各效罐的液位控制全部采用浮球阀控制，浮球式控制存在于系统内部，并且浮球阀门工作可靠，漏气现象并不存在。因此，该申请装置由于采用了上述技术措施而达到了绝对密封，该申请符合《专利法》第26条第3款的规定。

前置审查意见书认为：说明书中只记载了“液位控制采用浮球式自动控制系统”而没有记载“浮球阀”，两者含义不同。另外，实际工业生产中，反应器之间必然设置阀门，该申请没有记载如何保证阀门在流动状态下密封，因此坚持驳回决定。

对此，复审决定认定，尽管该申请说明书对其要提供的“贯流式真空海水淡化装置及方法”的效果存在诸如“能维持永久真空”“系统恒真空技术”的表述，但是，权利要求中并未进行此类限定。而且对待这一表述要从两方面考虑：一方面是该系统能否更长时间维持真空的问题。显然本领域技术人员根据该申请说明书记载的内容，通过对海水进行沸腾双重脱气和将真空系统的出水口伸入到液面之下产生液封，即可有效地防止外界气体进入真空系统，从而在较长的时间内维持装置中所需的真空度，产生真空海水淡化的效果，实现贯流式真空海水淡化。另一方面是该系统的真空度是否必须永久维持以及如何维持的问题。如驳回决定及前置审查意见书所言，抽真空后如需永久维持则必须保持隔离。但是就该技术主题来说，能够在工艺要求的较长时间内保持真空即可实现多效的目的，并不必然要求“永久”真空，也不必然要求阀门“永久”密封。也就是说，虽然说明书对技术效果部分作了夸大的要求，但这种夸大不应按其字面进行绝对化的理解，而应当从本领域技术人员的角度从工程实际需要出发来理解，这种“永久”可理解为更长时间，或者是在一个使用周期，或使用寿命内维持真空。以此为出发点，仍可以认为权利要求保护的技术方案是本领域技术人员按照说明书可以实现的。而且，该申请在权利要求书和说明书中记载了采用浮球式自动控制系统的目的是对各部件的液位进行控制，其未对浮球式自动控制系统进行改进和保护，采用的是现有技术中已经存在的浮球式自动控制系统。在该申请中，很显然当采用浮球式系统控制液位时，该系统会安装在反应器内部，通过反应器内液位的上下移动来带动浮球运动，控制进水或出水的流量，进而实现液位控制。因此，该申请权利要求书和说明书中虽未明确记载所述浮球式自动控制系统为浮球阀，但本领域技术人员可以根据该申请说明书记载的内容在已有的浮球式自动控制系统中选取出适应该申请中温度、压力条件，且能安装在反应器内部实现液位控制的浮球式自动控制系统，例如浮球阀，并将其安装在该申请的装置中，从而实施该申请。

【案例评析】

本案的焦点问题是：申请人在说明书中夸大技术方案所能达到的技术效果是否会导致技术效果与技术问题、技术方案不相对应，从而使说明书公开不充分。

《审查指南 2006》中从技术方案、技术问题和技术效果三个方面定义了所属技术领域的技术人员能够实现的情况，并给出了由于缺乏解决技术问题的技术手段而被认为无法实现的五种情况，但该五种情况并没有穷尽所有可能被认为无法实现的情况。当申请人在申请文件中夸大了技术效果，而实施技术方案不能达到该声称的技术效果时，判断技术方案、技术问题和技术效果是否相互对应就成为评价说明书是否充分公开的关键。

申请人在撰写申请文件时，通常都会对现有技术进行描述，并从现有技术出发，说明现有技术的不足和/或存在的问题，并以此作为其发明的出发点，进而提出解决问题和/或改进不足的技术方案，最后写明该方案所能够实现的技术效果，该技术效果可以作为其已经解决了存在的技术问题，实现了发明目的的根据。但是申请人有时会在说明书中对技术方案所能达到的客观效果进行夸大记载，这一方面可能是其出于广告宣传的需要，另一方面也可能是体现了其进行发明创造的最终目标。此时由于技术效果被夸大而导致技术方案、技术问题和技术效果三者不相互对应是否会导致公开不充分需依案情具体分析。因为现有技术中的不足和/或缺陷是客观存在的，申请人对此进行改进而得出的技术方案体现了其所付出的劳动和所作的贡献，如果仅仅因为该方案的实际效果达不到申请人所声称的技术效果，就认为申请人没有完成发明创造，而剥夺申请人就该方案获得专利保护的权利，会有失公平。尤其是当该技术方案优于现有技术，取得了一定的有益效果，可能已经符合《专利法》所要求的新颖性、创造性和实用性时，审查员完全可以通过要求申请人修改技术效果来实现三者的协调统一。

本案中采用了以下步骤来处理上述问题：首先，明确权利要求书中请求保护的技术方案，并以此作为评价说明书是否已经充分公开的对象。其次，以所属领域的技术人员为判断主体，判断请求保护的技术方案是否能够实施，即所属领域的技术人员按照申请文件公开的内容，结合所属领域的普通技术知识，是否能够制造该技术方案保护的产品或使用该技术方案保护的方法。再次，以所属领域的技术人员为主体，将该技术方案与申请人在申请文件中记载的现有技术进行比较，预测其实际上所能解决的技术问题和达到的技术效果。最后，比较说明书中记载的技术效果与本领域技术人员预测的技术效果是否一致。若记载的技术效果高于预测的技术效果，则判断该技术方案在达到预测的技术效果时是否已经能够解决相应的技术问题，达到了发明目的；如果实际达到的技术效果已经能够证明该技术方案解决了申请人要解决的技术问题时，则即使该技术效果与说明书中记载的技术效果存在差距，也应当认为说明书满足了充分公开的要求。

本案权利要求中请求保护的是贯流式真空海水淡化装置及方法，根据申请文件的记载，本领域技术人员实施该装置和方法是不存在技术障碍的。并且该装置和方法通过对海水进行沸腾双重脱气和将真空系统的出水口伸入到液面之下产生液封，可有效地防止外界气体进入系统中，因此本领域技术人员能够预测出该装置及方法运行时，能够在较长的工作时间内维持装置中所需的真空度，从而在较低的压力下进行蒸发、冷凝，产生出真空海水淡化的效果，实现贯流式真空海水淡化。此技术效果已经表明，所述技术方案能够解决技术问题，并达到发明目的。同时，虽然说明书中记载的技术效果是实现永久真空，但是本领域技术人员都知晓，在目前的技术条件下，绝对的永久真空是无法实现的，因此，本案中将“永久”理解为更长时间，或者是在一个使用周期或使用寿命内维持真空更为合理。而这样的技术效果通过实施该淡化装置及方法是可以实现的，本案中夸大的技术效果并不会导致说明书公开不充分。

（撰稿人：郭彦）

第三章　权利要求的解读

专利权的保护范围是《专利法》中最基础、最核心的内容之一。在确定权利要求的保护范围时，往往会涉及对权利要求的解释。这是因为权利要求是通过语言的形式表述出来的，由于语言的多义性和不确定性，难免会出现一词多义的现象。一方面，《专利法》应给予专利权人以全面的保护；另一方面，应当向公众告知专利权人权利的界限。因此，权利要求解释的目的在于合理地确定专利权的保护范围。

那么，如何对权利要求进行解释呢？由于对权利要求的解释直接决定专利权的保护范围的大小，影响专利权人与社会公众之间的利益平衡，因此对权利要求的解释应当既合理地保护专利权人的利益，又不能伤害公众的权益。《专利法》、审查指南以及《最高人民法院关于审理侵犯专利权纠纷案件应用法律若干问题的解释》对于权利要求解释的基本原则和具体方法给出了相应的规定。

《专利法》第 56 条第 1 款[1]规定，发明或者实用新型专利权的保护范围以其权利要求的内容为准，说明书及附图可以用于解释权利要求的内容。这一条款明确规定了界定专利权保护范围的基本原则，其中说明书及其附图在确定专利权的保护范围时，可以发挥解释的功能，这部分内容对于正确理解权利要求的含义，确定专利权保护范围的界限非常重要。

《审查指南 2006》第二部分第二章第 3.2.2 节规定：权利要求的保护范围应当根据其所用词语的含义来理解。一般情况下，权利要求中的用词应当理解为相关技术领域通常具有的含义。在特定情况下，如果说明书中指明了某词具有特定的含义，并且使用了该词的权利要求的保护范围由于说明书中对该词的说明而被限定得足够清楚，这种情况也是允许的。但此时也应要求申请人尽可能修改权利要求，使得根据权利要求的表述即可明确其含义。

《最高人民法院关于审理侵犯专利权纠纷案件应用法律若干问题的解释》

[1] 本书中引用的《专利法》第 56 条第 1 款是针对 2000 年修订的《专利法》而言的，均对应于现行《专利法》第 59 条第 1 款。

第 2 条规定：人民法院应当根据权利要求的记载，结合本领域普通技术人员阅读说明书及附图后对权利要求的理解，确定《专利法》第 56 条第 1 款规定的权利要求的内容。第 3 条规定：人民法院对于权利要求，可以运用说明书及附图、权利要求书中的相关权利要求、专利审查档案进行解释。说明书对权利要求用语有特别界定的，从其特别界定。以上述方法仍不能明确权利要求含义的，可以结合工具书、教科书等公知文献以及本领域普通技术人员的通常理解进行解释。

第一节　权利要求保护范围的确定

【案例 3－1】专利复审委员会第 15385 号无效宣告请求审查决定简介

专利复审委员会于 2010 年 10 月 8 日作出第 15385 号无效宣告请求审查决定。该决定涉及申请日为 2006 年 4 月 20 日、授权公告日为 2007 年 4 月 25 日、名称为“保温复合墙板”的第 200620012210.3 号实用新型专利。

该专利授权公告的权利要求 1 为：

“1. 一种保温复合墙板，其特征在于：该墙板包括两层水泥纤维板（1、3），在两层水泥纤维板（1、3）中间为保温层（2）。”

针对该专利，无效宣告请求人提出无效宣告请求，其理由是该专利权利要求 1 相对于附件 1（公开日为 2003 年 1 月 29 日、公开号为 CN1393610A 的中国发明专利申请公开说明书）不具备新颖性，不符合《专利法》第 22 条第 2 款的规定。

合议组经审查查明：附件 1 公开了一种建筑用轻型聚合物混凝土复合板及其制造方法，所述的复合板包括两层纤维水泥薄板，两层纤维水泥薄板之间填充有聚合物混凝土。此外，附件 1 还公开了所述复合板有保温的效果，为取得更佳的保温效果，聚合物采用的是聚苯发泡后的颗粒，可见填充在两层纤维水泥薄板之间的聚合物混凝土相当于保温层。

合议组认为，附件 1 公开了权利要求 1 中的全部技术特征，两者的技术方案实质上相同；并且与权利要求 1 所述的保温复合墙板一样，附件 1 中的复合板也用于墙体的砌筑，都解决了使材料强度高、保温效果好等技术问题，并能达到相同的技术效果。因此，权利要求 1 相对于附件 1 不具备新颖性，不符合《专利法》第 22 条第 2 款的规定。

专利权人对于附件 1 公开的内容无异议，但是认为：根据《专利法》第 56 条的规定，说明书可以用于解释权利要求。该专利说明书中记载了形成复合保温层的方式为通过气压注浆将保温层的原料注入两层水泥纤维板之间，而附件1中复合板的形成方式是“在两纤维水泥板间注入聚合物混凝土”，即“加水搅拌均匀，注入两纤维水泥板之间，振实，自然养护1～3天”，是一种普通的自然沉降注浆捣固复合方式，与该专利的气压注浆进行复合不同。该专利由于采用这一复合方式还达到了防渗水的技术效果。因此，虽然附件1中也是复合，但与该专利中的复合是不同的技术特征，该专利相对于附件1具备新颖性。

对此，合议组认为：虽然根据《专利法》第56条的规定，说明书及附图可以用于解释权利要求，但是，在权利要求的技术特征的含义清楚、无疑义的情况下，一般不应当将说明书记载的、未在权利要求中限定的技术内容纳入权利要求中，并以此确定权利要求的保护范围。权利要求的保护范围应当根据其所用词语的含义来理解，一般情况下，权利要求中的词语应当理解为相关技术领域通常具有的含义；在特定情况下，如果说明书中指明了某词具有特定的含义，并且使用了该词的权利要求的保护范围由于说明书中对该词的说明而被限定得足够清楚，这种情况也是允许的。

具体到本案中，首先，该专利权利要求1仅用“复合”一词对所保护的墙板进行限定，没有具体限定所述“复合”的工艺。而在所属技术领域中，“复合”所具有的通常含义涵盖了所有通过注浆工艺形成的“复合”结构，而并未被限定必须采用“气压注浆”，这一含义在本领域是清楚无疑义的。其次，该专利仅将“气压注浆”作为制造保温复合墙板的实施例记载在说明书具体实施方式部分，而并未在说明书中将所述“复合”明确定义为须采用“气压注浆”。换言之，该专利说明书中并未指明其所述的“复合”具有特定的含义。因此，在根据《专利法》第56条确定该专利权利要求1的保护范围时，不能将仅记载在其说明书中而未限定在权利要求1中的“气压注浆”作为权利要求1的一部分以解释权利要求1中的“复合”。对于专利权人有关该专利权利要求1中的“复合”与附件1中的“复合”是不同的技术特征的主张，合议组不予支持，其关于权利要求1具备新颖性的理由不能成立。

【案例评析】

本案双方争议的焦点集中在对该专利权利要求保护范围的确定上，即该专利权利要求中“复合”的解释。众所周知，要想清楚界定一项权利要求的保护范围，通常首先需要对其字面含义进行解释。《审查指南2006》第二部分第二章第3.2.2节规定，权利要求的保护范围应当根据其所用词语的含义来理解。一般情况下，权利要求中的用语应当理解为相关技术领域通常具有的含义。在特定情况下，如果说明书中指明了具有特定的含义，并且使用了该词的权利要求的保护范围由于说明书中对该词的说明而被限定得足够清楚，这种情况也是允许的。对于上述规定可以作如下解读：第一，一般情况下，对权利要求中技术特征的解释应当依据“相关技术通常具有的含义”；第二，对于特殊情况，当需要采用某一技术特征在专利申请中具有的特定含义对权利要求进行解释时，该特定含义应当已经被说明书“指明”。因而对“指明”标准的把握是判断是否适用“特殊情况”的关键。是否达到“指明”的程度，应当考查是否满足以下两个条件：首先，说明书中对于某技术特征的定义应当是清楚和确定的，即该特定含义已经在说明书中载明，无需本领域技术人员通过对说明书记载的内容进行归纳，例如，采用类似于“本发明中的××指的是……”的表述记载在说明书中；其次，该特定含义不能仅在个别实施例中体现，而应当在整个发明中得到明确。

本案争议的焦点是，如何解释该专利权利要求1“复合墙板”中的“复合”一词的含义。按照本领域通常具有的含义，“复合”指的是板材构造中不同材料的叠加，例如复合木地板，而对于实施“复合”的具体工艺措施在本领域中并无限制。无论采用何种工艺，只要形成了不同材料的叠加结构，所述板材就可称为“复合”板材。反观该专利说明书，其仅仅在具体实施方式部分记载了制造保温复合墙板的步骤包括“将保温层的原料经过混合、搅拌后，气压注浆入模具内水泥纤维板的中间成型”，整个说明书中并不存在有关“本实用新型中的复合指的是，采用气压注浆方法……”的记载，也未以类似的措辞将该专利中的“复合”明确定义为采用气压注浆。因此，专利权人所主张的“复合”的特定含义在该专利说明书中并未达到《审查指南2006》中要求的“指明”的标准，在确定该专利权利要求1的保护范围时，对于其中限定的“复合”一词，不应解释为将保温层原料经过混合、搅拌后，通过气压注浆入模具内水泥纤维板的中间成型，而应当根据本领域的通常理解来解释。

（撰稿人：陈晓亮）

第二节　权利要求中出现明显错误

【案例3－2】专利复审委员会第10893号无效宣告请求审查决定简介

专利复审委员会于2007年12月24日作出第10893号无效宣告请求审查决定。该决定涉及申请日为2004年11月5日、授权公告日为2007年5月23日、名称为“电动滚筒混凝土衬砌机”的发明专利。

该专利授权公告的权利要求1如下：

“1. 一种电动流筒混凝土衬砌机，包括上下端分别带有行走机构的机架和安装在机架上的衬砌小车，至少一端的行走机构与导轨配合，行走机构及衬砌小车由电动机驱动，其特征是：机架包括主直架和其两端的连接件，连接件为直架或上端下弯或上端下弯的弯角模块。”

针对该专利，无效宣告请求人于2007年7月3日向专利复审委员会提出无效宣告请求，认为权利要求1中记载的特征“连接件为直架或上端下弯或上端下弯的弯角模块”与说明书中记载的内容“连接件也可以是上端上弯或上端下弯的变角模块”不一致，造成权利要求1不清楚，不符合《专利法实施细则》第20条第1款的规定，同时也导致权利要求1没有以说明书为依据，不符合《专利法》第26条第4款的规定。

专利权人认为：该专利权利要求书和说明书中存在明显的笔误，权利要求1中的“上端下弯或上端下弯的弯角模块”应该为“上端下弯或下端上弯的变角模块”，说明书中也应该是“上端下弯或下端上弯的变角模块”。

合议组经审查认为：根据说明书的记载，连接件是为了能够实现衬砌小车的转向，从而使该发明能够同时完成对斜坡及其上下沿的衬砌操作（参见该专利说明书第1页倒数第2段）。因此本领域技术人员根据说明书文字并结合附图可以理解，权利要求1中的“上端下弯或上端下弯”是打印错误，应该是“上端下弯或下端上弯”，说明书中也应该是“上端下弯或下端上弯”，另外“弯角模块”相对于“变角模块”在该专利中含义也实质上相同。因此请求人关于该专利权利要求1不符合《专利法》第26条第4款和《专利法实施细则》第20条第1款规定的理由不能成立。

【案例评析】

专利文献属于法律文书，其本身对撰写有着较高的要求，但要求一份专利文献自头至尾毫无瑕疵，也不符合实际。当专利文献的撰写出现问题时，应结合案情具体分析，确定其对本领域技术人员实际造成的影响，而不能简单地以存在问题为由将相关权利要求宣告无效。具体而言，就是应当以本领域技术人员为判断主体，判断基于说明书的文字描述、附图以及权利要求本身，是否能够认识到上述问题并能够理解出唯一正确的信息。如果本领域技术人员能够认识到专利文献中存在错误，并能理解出与之对应的唯一正确的信息，则该错误属于明显错误；如果本领域技术人员不能确定所述问题是否存在或其唯一正确的信息是什么，则该问题不能归结为明显错误。通常，申请人由于撰写或打字疏忽等引起的语法错误、文字错误、打印错误以及某些相互矛盾之处属于明显错误。

对于明显错误的处理，不同程序中有着不同的操作方式。在授权程序中，由于实质审查的任务之一是让专利文献更清楚明确，让授权专利更稳定，且在实质审查程序中专利申请人可以修改其专利申请文件，故在审查过程中通常应当要求申请人对明显错误进行改正。在专利无效审查阶段，申请人往往没有改正明显错误的机会，如果仅因明显笔误的存在而将相关权利要求宣告无效的话，将会纯粹变成对申请人撰写申请文件失当的惩罚，显失公平。因此，在此情况下，应当判断能否根据说明书的文字描述及其附图对权利要求中存在的明显错误作唯一正确的理解。如果能，则应当依此正确理解对错误之处进行解释。

具体到本案，合议组结合说明书的文字描述和说明书附图，认为根据连接件的作用能够确定权利要求中的“上端下弯或上端下弯的弯角模块”与说明书中记载的内容“连接件也可以是上端上弯或上端下弯的变角模块”均为打印错误，唯一正确的答案应当是“上端下弯或下端上弯的变角模块”，没有作其他解释的可能。在此情况下，该权利要求中的这一笔误应该按照本领域技术人员的正确理解来解释，不应仅因该明显笔误而认定权利要求不清楚。

（撰稿人：任颖丽　朱文广）

第三节　权利要求中包含具有多种含义的术语

【案例3-3】专利复审委员会第12784号无效宣告请求审查决定简介

专利复审委员会于2008年12月12日作出第12784号无效宣告请求审查决定。该决定涉及申请日为2006年9月29日、授权公告日为2007年10月10日、名称为“一种带膨胀钉的平挂瓦”的第200620022411.1号实用新型专利。

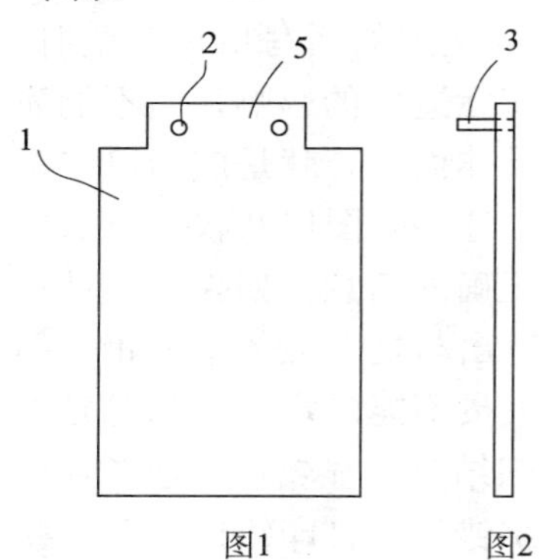

图3-1　该专利说明书附图1和附图2

在针对该专利的无效程序中，专利权人于2008年10月10日采用删除方式修改了授权公告的权利要求书，修改后的权利要求书为：

“1. 一种带膨胀钉的平挂瓦，其特征在于在平瓦的一端有一个或多个膨胀套孔，该孔内装膨胀钉或膨胀套，在平瓦的带膨胀钉的一端凸起。”（参见图3-1“该专利说明书附图1和附图2”）

合议组经审查后认定，针对权利要求中出现的“凸起”一词，该措词具有多种含义，例如，“两部分接合处呈夹角，一部分相对于另一部分翘起”而形成“凸起”，或者“两部分在同一型面，一部分突出于另一部分”形成“凸起”等。但是，如该专利说明书所述，该专利所要解决的技术问题是，现有挂式平瓦上的挂钩与瓦片一次性烧制成一体，生产工艺复杂，成品率低，运输中容易损坏，以及现有组合式铁皮挂钩挂平瓦的铁皮挂钩容易脱落和强度较差。该专利的目的是针对现有技术的不足，提供一种带膨胀钉的平挂瓦，该专利说明书对技术效果的描述是，该实用新型与挂式平瓦相比，降低制造难度，减少制造运输中的破损，节约生产成本和建筑造价；与组合式铁皮挂钩挂平瓦相比，用膨胀钉改进了铁皮挂钩会脱落和强度差的缺点；该实用新型的平挂瓦上的凸起部分能在平挂瓦不用水泥粘贴盖双层时，保证上下层整齐。结合上述内容以及说明书附图 1 和附图 2（平挂瓦实施例 1 的结构示意图及其侧视示意图），合议组认为，权利要求 1 中的“凸起”应该解释为“两部分在同一型面上，一部分突出于另一部分”而形成的“凸起”。双方当事人在口头审理当庭也都认可“该专利是与瓦体在同一型面上的凸起”，即两部分结合后呈“凸”字形。据此，该专利权利要求 1 技术方案的保护范围应该是指，“该专利的平挂瓦由瓦体和与瓦体在同一型面上的凸起构成，同时该凸起处于有膨胀套孔的一端，套孔内装膨胀钉或膨胀套”。

【案例评析】

权利要求的保护范围应当根据其所用词的词义来理解。为了使权利要求限定的范围清楚，应当首先对权利要求中的用词予以规范。为此，《专利法实施细则》第 4 条第 1 款规定，“依照专利法和本细则规定提交的各种文件应当使用中文；国家有统一规定的科技术语的，应当采用规范词”。但是，语言是主观和客观共同作用的产物，并且汉语言中经常会出现一词多义的现象，这就不可避免地会对权利要求及其保护范围产生影响。如何理解权利要求中具有“多种含义”的用词成为专利审查的难点之一。此时通常会运用该申请的说明书及附图来明确权利要求中用语的特定含义；在借助说明书及其附图仍不能明确权利要求用语的特定含义时，可以借助所属领域的经典著述（例如技术手册、大专院校通用教科书等）、专业技术辞典以及本领域技术人员的通常理解进行解释。在对权利要求的用语进行解释时，还应当注意一般不能将权利要求的用语仅仅解释为说明书或附图公开的实施例。可以看出，说明书及其附图在确定专利保护范围时，充分发挥澄清和解释的功能，对正确理解权利要求，确定专利保护范围的界限非常重要。

具体到案例 3－3 中，鉴于权利要求中的一个技术术语具有多重含义有可能影响到权利要求的保护范围，合议组首先分析列举了权利要求中某术语可能存在的多种意思，同时结合本领域技术人员的认知水平，通过阅读全部专利文件对发明创造作出全面理解，并通过说明书和附图对权利要求进行印证，考查两者的内容是否一致，最后明晰了该术语的确切含义，从而确定出该权利要求的保护范围。

案例 3－3 给出的启示是：解读权利要求或者其中的某一措辞时，要基于本领域技术人员的角度，将该申请说明书以及附图作为一个整体理解，在此基础上根据相关领域的普通技术知识来进行理解。如果确无证据表明权利要求中某个词语仅有一种解释，说明书中又未对该词语作出特别限定，同时，本领域技术人员根据通常理解，由权利要求书使用该词语的上下文能够确定出多种不确切的技术方案，则使用了该词语的权利要求的保护范围就可能是不清楚的。

（撰稿人：宋晓晖）

第四节　权利要求中包含含义不确定用词

【案例 3－4】专利复审委员会第 15667 号无效宣告请求审查决定简介

2010 年 11 月 17 日，专利复审委员会作出第 15667 号无效宣告请求审查决定。该决定涉及申请日为 2008 年 11 月 14 日、授权公告日为 2010 年 1 月 20 日、名称为“防止私自开启的挂锁”的第 200820213537.6 号实用新型专利。

该专利授权公告的权利要求 1 如下：

“1. 一种防止私自开启的挂锁，包括一个挂锁、钥匙和一个插片；其中挂锁包括锁体、包含锁梁的扣合装置和包含锁芯的开启装置，在锁芯下面设置有一个横向的扁通槽，插片即插在该扁通槽中，其特征是：在锁梁的一个端头的下面的锁梁孔之下端设置有一个小通孔，该小通孔与上述的横向的扁通槽相通；在前述锁梁的端头之下面的锁梁孔中装有一个伸缩销机构，该伸缩机构中包括一个可在锁梁孔下端的小通孔中伸缩的圆柱销；所述的插片的宽度为 b，其一端设置有一个手柄，与手柄相邻的一端之厚度为 h，与锁芯相对应的位置处的厚度为 0.1～0.5 毫米，这两部分之间用一个斜面相接，其另一端的厚度小于 h，该插片与前述装有伸缩销机构的锁梁孔相对应的位置处设置有一个浅槽。”

针对该专利，请求人提出无效宣告请求，认为：权利要求 1 中使用了如“宽度为 b”“高度为 h”“浅槽”等含义不确定的词语，导致权利要求的保护范围不清楚，不符合《专利法实施细则》第 20 条第 1 款的规定。

专利权人认为：权利要求 1 中，插片插在扁通槽中，其宽度是和扁通槽相配合的；插片外面有手柄，接近手柄一端厚度为 h，和锁芯相对应的位置处的厚度是 0.1～0.5 毫米，另一端较薄，用钥匙把锁芯捅破插进钥匙；浅槽的深浅从说明书可以看出是跟伸缩销相互配合的合适高度。

对此，合议组认为：首先，权利要求 1 中已经限定了插片插入扁通槽中，并且说明书中已经记载了插片的作用和其与扁通槽的配合关系，因此本领域技术人员能够根据实际应用情况确定扁通槽的尺寸，进而根据扁通槽的尺寸大小确定“宽度为 b”“厚度为 h”的含义及范围；其次，权利要求 1 中已经限定了浅槽在插片上的位置，以及其与伸缩销机构的配合关系，并且说明书中也记载了浅槽的作用是防止在锁闭状态下插片被拔出，本领域技术人员能够确定浅槽的适宜深度，因此，请求人关于权利要求 1 不清楚的理由不成立。

【案例 3－5】专利复审委员会第 13386 号复审请求审查决定简介

专利复审委员会于 2008 年 5 月 9 日作出第 13386 号复审决定。该决定涉及申请日为 2001 年 11 月 21 日、公开日为 2002 年 9 月 4 日、名称为“含有活性成分的质地遮蔽颗粒”的第 01145483.0 号发明专利申请。

2005 年 10 月 14 日，国家知识产权局以权利要求 1、权利要求 2、权利要求 9、权利要求 15 和权利要求 24 不符合《专利法实施细则》第 20 条第 1 款的规定为由驳回了该申请。驳回决定认为，权利要求 1、权利要求 2、权利要求 9、权利要求 15 和权利要求 24 记载“由遮味剂组成的基本覆盖所述内芯的第一涂覆层”和“所述第二涂覆层基本上覆盖了第一涂覆层”，其中的“基本覆盖”属于含义模糊的措辞，导致相关权利要求不符合《专利法实施细则》第 20 条第 1 款的规定。

对此，合议组认为：该申请说明书“本发明的详细描述”部分已经对“基本覆盖”进行了明确的说明，即“在这里所用的术语‘基本覆盖’或‘基本上连续’指的是涂层通常连续覆盖了芯或底层的整个表面，以致于基本上没有活性成分或底层暴露在外”。本领域技术人员根据说明书和权利要求的记载可知，由于某些药物颗粒有苦味或令人不愉快的味道，为了由这些药物颗粒制出适口的咀嚼药片，就需要用涂覆层来遮蔽它们的味道。该申请涉及的即是一种含有活性成分的遮蔽颗粒，第一涂覆层由遮味剂组成，第二涂覆层在第一涂覆层上作为质地遮蔽涂层。由此可见，说明书对“基本覆盖”所作的解释，即“以致于基本上没有活性成分或底层暴露在外”是本领域技术人员根据涂覆层的作用可以清楚理解的。本领域技术人员根据说明书的内容，结合其知晓的普通技术知识，能够知道该申请技术方案中“基本覆盖”的含义，亦即该措辞的含义是清楚、明确的，该申请权利要求 1、权利要求 2、权利要求 9、权利要求 15 和权利要求 24 符合《专利法实施细则》第 20 条第 1

款的规定。

【案例评析】

虽然《专利法》要求权利要求书和说明书都应当清楚，然而词语本身在某种程度上具有不确定的特性，通常看起来不具有确定含义的词语或表示某种程度的副词尤其会引起争议。在无效或者复审程序中，当这些词成为争议焦点时，合议组需要确定涉及该词语的权利要求是否清晰明确地表达出其请求保护的范围。

案例3-4和案例3-5的争议焦点为，如何理解权利要求中包含的某些含义不确定的用词，比如案例3-4中涉及的“浅”和案例3-5中涉及的“基本上”等表示程度的副词。

通常而言，“厚”“薄”“深”“浅”等词语是相对于某个基准或比较对象而言的，在没有确定的比较对象时，其没有确定的含义，一般不应在权利要求中单独出现。但是，这并不意味着权利要求中出现此类词语，必然会导致权利要求的保护范围不清楚。在此情况下，应当确定所属技术领域的技术人员在阅读权利要求时，是否能准确理解此类词语对权利要求范围的限制程度。此时，可以参考说明书对该词语的描述，或者相关技术特征在权利要求技术方案中所起的作用或达到的技术效果。如果根据上述内容能够明确这类词语的比对基准或对比对象，能够准确理解其对权利要求的限制程度，则不能因此类词语的使用而认定权利要求保护范围不清楚。案例3-4中，合议组首先从权利要求的技术方案出发，确定了浅槽与其他结构特征的位置关系和连接配合关系，从而确定出该浅槽的大致形状和尺寸，进而根据说明书中记载的浅槽的作用，对浅槽与其他特征之间所需达到的配合效果进行了分析，由此得出结论认为，本领域技术人员能够从挂锁这一产品的结构特点、使用效果两个方面，确定出“浅槽”的确切含义。同样，“宽度为b”“高度为h”中虽然没有定义b和h的具体尺寸范围，但本领域技术人员能够清楚理解其含义。

程度副词的不确定性是否会导致整个权利要求的保护范围不明晰，需要具体分析。案例3-5中，合议组首先考查了说明书中对“基本覆盖”的解释；进而从本领域技术人员的角度，讨论了涂覆层所起的作用；然后在此基础上得出结论，认为本领域技术人员根据本身所拥有的常识能够清楚理解，所谓“基本覆盖”，是指涂覆层覆盖到何种程度即能起到所述作用，权利要求中“基本”一词的的含义是清楚的，其存在不影响权利要求的保护范围。

由此可见，权利要求中出现含义不确定的个别词语是否会导致整个权利要求的保护范围不清楚不能一概而论，应具体问题具体分析。在判断过程中应当以本领域技术人员为判断主体，从权利要求的技术方案整体考虑，依照说明书和附图中对该方案的相应描述，判断权利要求的保护范围是否清楚。

（撰稿人：郭彦 宋晓晖）

第五节 影响权利要求解读的其他因素

【案例3-6】 专利复审委员会第15972号无效宣告请求审查决定简介

专利复审委员会于2011年1月27日作出第15972号无效宣告请求审查决定。该决定涉及申请日为2006年10月24日、授权公告日为2007年10月24日、名称为“遮阳篷的可调臂座”的第200620108937.1号实用新型专利。

该专利授权公告的权利要求1如下：

“1. 遮阳篷的可调臂座，其特征在于它包括固定座，所述可调臂座还设有连接遮阳篷大臂的连接座及其转动轴，所述固定座上设有轴向定位的螺杆，螺杆上设有与其配合的螺母，所述连接座设有与螺母配合的孔或槽。”

针对该专利，请求人于2010年7月20日向专利复审委员会提出无效宣告请求，请求宣告该专利无效。理由之一是权利要求1相对于附件2（公开日为1993年12月28日、公开号为US5273095A的美国专利文献）不具备新颖性。

针对该专利权利要求1中“与螺母配合的孔或槽”与附件2中“与枢轴筒25配合的孔或槽”是否相同，专利权人认为：该专利与附件2中的孔是不同的。该专利的孔有两个作用：其一，起轴承作用以支承螺母；其二，为螺母提供一个水平位移的导向空间，从附图中可见所述孔是一水平延伸的长孔。在调整座转动时，螺母与转动轴之间的水平距离必然随之变化，需要有一个供螺母水平位移的空间。而附件2中的孔仅起轴承作用，从其附图中也可见，壳体22以轴孔的形式与枢轴筒25紧密配合。正是由于这一特征导致壳体22只能在非常有限的角度范围内（即各部件装配公差允许的范围内）绕螺杆29旋转，角度越大意味着枢轴筒25需要的水平位移越大，而该技术方案并没有给枢轴筒25提供水平位移的空间。附件2中的角度调整实现的只能是装配精度的微调。该专利与附件2在该技术特征上的重要区别，导致两者在技术效果和功能上存在重要区别。请求人则认为：专利权人称所述孔为长孔，但是权利要求1中只限定了“孔”，而未限定其形状。说明书中虽然记载了所述孔为长孔，但只是一种实施例，不应当因此将对权利要求的理解局限在这个小范围内。该专利权利要求的“孔”应当认为可以是各种形式的孔。

合议组在决定中认为：本领域技术人员可以确定，当螺母6沿螺杆5上下运动时，其与转动轴4之间的距离是变化的。由此，为使螺母6自由运动并确保连接座3能够相对于转动轴4转动，设置在连接座3上与螺母6配合的孔或槽必须具有供螺母6产生相对移动的空间。本案中，虽然该专利权利要求1没有对所述孔或槽的形状进行限定，但是根据前面的分析，权利要求1中的“孔或槽”必然不能与螺母紧密配合而必须为与其配合的螺母提供一定的位移空间以使连接座可以相对于转动轴转动，从而达到臂座可调的目的。但是，附件2中壳体22的近端与枢轴筒25配合的孔或槽只是起到承托枢轴筒25或者螺母13的轴承作用，而并未提供使枢轴筒25或者螺母13能够与壳体22或者支架发生相对移动的空间。综上所述，合议组认为，该专利权利要求1中至少存在特征“所述连接座设有与螺母配合的孔或槽”未被附件2公开，构成该专利权利要求1与附件2的区别，因此请求人关于该专利权利要求1相对于附件2不具备新颖性的主张不成立。

【案例评析】

本案新颖性判断过程中争议焦点在于权利要求保护范围的确定，具体来说，是如何理解“与螺母配合的孔或槽”。请求人认为，说明书中只在实施例中记载了所述孔为长孔，对权利要求的理解不应当局限于实施例，因此该专利权利要求的“孔”应当认为可以是各种形式的孔。专利权人则认为，实施例和附图中，所述“孔”均为长孔，因此应当将权利要求中的“孔”作此理解。

本案中，合议组并没有将对权利要求的解释局限于说明书的实施例，而是选择从该专利的整体技术内容出发，在考虑发明对象的技术意义和发明所涉及的问题及解决方案的基础上，首先通过分析该专利技术方案的原理和操作过程，确定所述“孔”为了实现“可调节”的功能，必然不能与螺母紧密配合，从而将所述“孔”解释为能为与其配合的螺母提供一定位移空间的孔；然后从技术角度分析了附件2中与枢轴筒配合的孔不能为枢轴筒提供这样的位移空间。基于二者技术思路和原理完全不同，该专利权利要求中的“孔”与附件2中“孔”构成区别。

实施例作为实现发明或者实用新型的优选具体实施方式，可以帮助更好地理解专利的技术内容，同时帮助说明书为权利要求撑起一个适宜的范围。然而，不能简单地将实施例中的技术方案当作专利权利要求的保护范围，该范围应当是由权利要求书和说明书的整体体现的。在无效宣告案件中，当需要确定涉案专利权利要求的保护范围，以判断该权利要求相对于对比文件是否具备新颖性和创造性时，通常需要站在本领域技术人员的角度，从该专利技术内容的整体出发，在考虑该专利的技术意义和其所涉及的技术问题及采取的技术方案的基础上，通过分析该专利技术方案的原理和操作过程，来确认某一术语的实际含义，乃至权利要求的保护范围，再用同样的思路对对比文件进行整体分析，最后将二者进行比较。

（撰稿人：王刚）

【案例3-7】专利复审委员会第15923号无效宣告请求审查决定简介

专利复审委员会于2010年12月31日作出第15923号无效宣告请求审查决定。该决定涉及申请日为2009年2月25日、授权公告日为2010年2月10日、名称为“一种节能炉灶密封灶头结构”的第200920005011.3号实用新型专利。

该专利授权公告的权利要求1如下：

“1. 一种节能炉灶密封灶头结构，包括灶头体，所述灶头体底部设置有混气室，所述灶头体上部设置有拢火圈、燃烧盘、火种帽，其特征在于，所述灶头体与拢火圈之间卡固有燃烧盘，所述灶头体上部密封处为凹形，燃烧盘处于灶头体上部凹槽内，所述燃烧盘四周上平面低于灶头体凹槽外部上平面且低于拢火圈的下平面。”（如图3-2所示）

针对该专利，请求人提出无效宣告请求，其无效宣告理由涉及权利要求1相对于附件1、附件2和公知常识的组合不具备创造性。请求人提交的附件1和附件2如下：

附件1：授权公告日为2007年10月31日、授权公告号为CN200968636Y（专利号为200620044018.2）的中国实用新型专利说明书；

附件2：授权公告日为2005年5月11日、授权公告号为CN2699137Y（专利号为200420040700.5）的中国实用新型专利说明书（图3-3）。

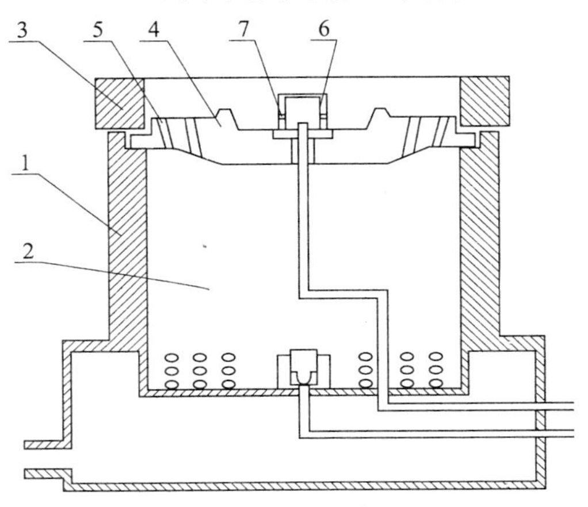

图3-2 该专利

1. 灶头体；2. 混气室；3. 拢火圈；4. 燃烧盘。

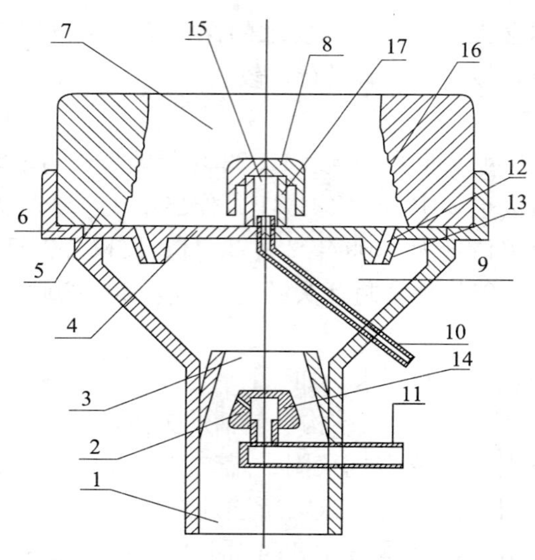

图 3-3　附件 2

4. 分配板；5. 耐火圈；6. 壳体。

合议组经审查认为：该专利权利要求 1 与附件 1 相比，其区别之一在于权利要求 1 中所述燃烧盘四周上平面低于灶头体凹槽外部上平面且低于拢火圈的下平面。

请求人认为：附件 2 中的壳体 6、分配板 4、耐火圈 5 分别相当于权利要求 1 中的灶头体、燃烧盘和拢火圈，且在附图 1 中已经公开了分配板的四周上平面与耐火圈的下平面是相紧贴的，其与该专利权利要求 1 中所限定的“燃烧盘的四周上平面低于耐火圈的下平面”相同，因此权利要求 1 的所有技术特征已经被附件 2 所公开。针对权利要求 1 中所限定的“燃烧盘的四周上平面低于耐火圈的下平面”，专利权人认为：该专利的主导原理是利用负压原理达到 100％不泄漏可燃混合气，为了达到这一发明目的，“燃烧盘的四周上平面低于耐火圈的下平面”这个特征要表达的实际是“燃烧盘四周上平面与拢火圈的下平面之间有可产生负压的间隙”，其不可能是附件 2 中只为节能目的的两平面叠合在一起的形式，因为附件 2 中的紧贴叠合的形式都存在着不同程度的向外泄露可燃混合气的缺陷，所以附件 2 未公开权利要求 1 中的“燃烧盘的四周上平面低于耐火圈的下平面”这一特征。

对此，合议组认为：关于该专利权利要求 1 中限定的“燃烧盘四周上平面低于灶头体凹槽外部上平面且低于拢火圈的下平面”这一特征，首先，根据该专利说明书背景技术部分记载的“灶头混气室一直受密封不严的困扰，密封方式要么为一体式，要么为叠加式……叠加式因为它的设计原理，就不可能完全密封，所以无论加工多么精细，都会或多或少地存在燃气泄漏现象”可知，“叠加式密封方式”是为该专利所摒弃的；其次，该专利说明书发明内容部分已经指明了权利要求 1 中限定的上述特征的作用是“让泄漏的燃气在火焰燃烧时产生的上升气流的作用下经过拢火圈与燃烧盘之间的缝隙被吸入燃烧室，随主火一起燃烧，从而避免燃气外泄”。因此，权利要求 1 中“燃烧盘四周上平面低于拢火圈的下平面”应当理解为“在拢火圈的下平面与燃烧盘四周上平面之间留有足以供燃气被燃烧时产生的负压吸入燃烧室的空隙”，而不应被理解为拢火圈的下平面贴合叠加在燃烧盘四周的上平面上。与之相比，附件 2 附图 1 中示出的是耐火圈 5 叠加在分配板 4 上、分配板 4 的四周上平面与耐火圈 5 的下平面相紧贴，与权利要求 1 中燃烧盘和拢火圈的相互位置关系不同。

基于上述理由，合议组认为，附件 2 并未公开该专利权利要求 1 中的“燃烧盘四周上平面低于灶头体凹槽外部上平面且低于拢火圈的下平面”这一技术特征，而且也没有给出采用相应技术特征的技术启示。请求人虽然主张在燃烧盘四周上平面与拢火圈的下平面之间设置间隙属于本领域的公知常识，但并未提供证据证明或者以充分的理由说明。因此，请求人对于权利要求 1 相对于附件 1、附件 2 和公知常识的结合不具备创造性的主张不能成立，合议组不予支持。

【案例评析】

权利要求书的作用是界定专利权的保护范围，说明书则用于描述该专利。由于本领域技术人员在阅读专利文件时，不仅阅读可能存在争议的权利要求，还会阅读包括说明书在内的整个申请文件，因此权利要求书与说明书并非孤立存在，无内在关联。说明书是弄清争议权利要求的最佳指南。但如何利用说明书来确定权利要求的保护范围是一个颇有争议的问题，[1] 争议主要表现在：一方面，“说明书及附图可以用于解释权利要求”；另一方面，又“不能将说明书中的具体限制纳入到权利要求中”。

一般来说，当说明书中具体描述了某现有技术并针对该现有技术存在的缺陷进行改进时，意味着专利权（申请）人主观上排除该现有技术，专利权利要求的保护范围应当解释为不包括该现有技术；当说明书明确发明创造具有某一有益效果时，所述有益效果可以帮助理解权利要求的保护范围，使之包括能够产生所述有益效果的结构。但这需要通过阅读说明书和附图，整体

[1] 闫文军．专利权的保护范围［M］．北京：法律出版社，2007：60－70.

考虑背景技术、发明所解决的技术问题、技术方案及其技术效果之后，以本领域技术人员的立场加以衡量才能确定。就本案而言，权利要求 1 中限定"燃烧盘四周上平面低于灶头体凹槽外部上平面且低于拢火圈的下平面"，在没阅读该专利的说明书和附图时，可能会认为附件 2 的图 1 中所公开的形式也符合该专利权利要求 1 中"燃烧盘四周上平面低于灶头体凹槽外部上平面且低于拢火圈的下平面"这一限定；但是，通过阅读该专利说明书背景技术部分记载的内容，即"灶头混气室一直受密封不严的困扰，密封方式要么为一体式，要么为叠加式……叠加式因为它的设计原理，就不可能完全密封，所以无论加工多么精细，都会或多或少的存在燃气泄漏现象"可知，附件 2 中的这种"叠加式密封方式"是为该专利所摒弃的；其次，通过阅读该专利说明书发明内容部分可知，该技术特征产生的有益效果是，"让泄漏的燃气在火焰燃烧时产生的上升气流的作用下，经过拢火圈与燃烧盘之间的缝隙被吸入燃烧室，随主火一起燃烧，从而避免燃气外泄"，因此，权利要求 1 中"燃烧盘四周上平面低于拢火圈的下平面"应当理解为"在拢火圈的下平面与燃烧盘四周上平面之间留有足以供燃气被燃烧时产生的负压吸入燃烧室的空隙"（即该专利说明书附图 1 所示的情形），而不应被理解为拢火圈的下平面贴合叠加在燃烧盘四周的上平面上。

（撰写人：赵潇君）

【案例 3-8】 专利复审委员会第 17536 号复审请求审查决定简介

专利复审委员会于 2009 年 6 月 16 日作出第 17536 号复审请求审查决定。该决定涉及申请日为 2003 年 5 月 23 日、优先权日为 2002 年 5 月 31 日、公开日为 2005 年 8 月 17 日、名称为"用于在成型物体中原位合成结晶态微孔金属磷酸铝的方法"的第 03812545.5 号发明专利申请。

2008 年 1 月 18 日，国家知识产权局原审查部门以该申请权利要求 1 和权利要求 3 不符合《专利法实施细则》第 20 条第 1 款的规定为由驳回了该申请。驳回决定针对的权利要求 1～3 如下：

"1. 制造含有结晶微孔金属磷酸铝的成型物体的方法，其特征在于：该成型物体是由惰性粘结剂和包含 Al 和 P 的固态材料的混合物制成，向所述成型物体中加入液态反应混合物，该液态反应混合物包含 EL 金属的活性源，有机结构导向剂和水，在升温和自生压力下在所述成型物体中进行原位结晶，以在所述成型物体内部形成微孔金属磷酸铝的晶体，其中该 EL 金属选自硅，镁，锌，铁，钴，镍，锰，铬，钛和它们的混合物。

"2. 制造含有结晶微孔金属磷酸铝的成型物体的方法，其特征在于该成型物体是由惰性粘结剂和包含 EL 金属、Al 和 P 的固态材料的混合物制成，向所述成型物体中加入液态反应混合物，该液态反应混合物包含有机结构导向剂和水，在升温和自生压力下在所述成型物体中进行原位结晶，以在所述成型物体内部形成微孔金属磷酸铝的晶体，其中该EL金属选自硅，镁，锌，铁，钴，镍，锰，铬，钛和它们的混合物。

“3. 根据权利要求2的方法，其特征在于该液态反应混合物还包含金属EL的活性源。”

驳回决定认为：权利要求1和权利要求3中出现了术语“活性源”，对于这种没有明确定义的技术术语，本领域技术人员无法判断究竟何种物质可以作为活性源，即当使用除硅以外其他非常用的EL金属去制备结晶态EL金属磷酸铝时，选择其EL金属活性源对于本领域技术人员来说要付出创造性的劳动。这一缺陷导致权利要求1和权利要求3的保护范围无法确定，不符合《专利法实施细则》第20条第1款的规定。

复审请求人对上述驳回决定不服，于2008年5月4日向专利复审委员会提出了复审请求，并提交了相关现有技术证据证明以下主张：（1）请求人提交的相关现有技术均是与该申请所涉及的技术领域相同、近似或相关的专利文献，其中均涉及“活性源”或者与“活性源”意思相同或等同的术语。基于此，有充分的理由认为，“活性源”一词是本领域技术人员非常常用的技术术语。（2）不排除“活性源”一词的确没有在词典或教科书中给予明确定义的可能，但这并不足以成为本领域技术人员无法确定该术语含义的理由。随着技术的发展，某些术语往往会在特定的领域逐渐具有相对稳定、明确和清楚的含义。

合议组经审查后认为：首先，虽然技术词典或教科书中没有关于“活性源”的明确定义，但是本领域技术人员知晓“EL金属的活性源”的字面含义就是指具有活性的EL金属源，而“活性”一词在本领域是指化学性质活泼、反应快，可见“活性”是针对化学性质和化学反应而言的，“EL金属的活性源”就是指作为EL金属来源的具有活性即能参与反应的原料。其次，从申请文件的记载内容来看，说明书第1页记载了“首先由磷酸铝（AlPO）、粘结剂和可能的EL源制备成型物体。其后ELAPO以在该成型物体中发生结晶的方式从部分成型物体中结晶”“SAPO-34……通常由氧化铝源、氧化硅源、磷源和至少一种有机结构导向剂合成”，说明书第2页记载了“磷可以是该液体中或固态氧化铝或氧化硅-氧化铝上的活性成分”，说明书第4页记载了“将包含EL金属活性源、有机结构导向剂和水的液态反应混合物加入到该成型物体之后，在高温和自生压力下在成型物体的内部进行结晶化从而形成微孔ELAPO的晶体”，并列出了优选的活性硅源，由此可见，EL金属活性源是需要参与结晶化的化学变化过程的。也就是说，无论是根据制备成型物体和结晶化的过程需要来看，还是根据说明书中关于“活性成分”“可能的EL源”“氧化铝源，氧化硅源，磷源”“EL金属活性源”“硅活性源”的描述来看，本领域技术人员都可以理解所述的“EL金属活性源”就是可以作为EL金属来源参与到对应的化学变化过程的原料。再次，说明书第5页还记载了“与现有技术的制备方法不同，ELAPO或SAPO的结晶在包含粘结剂的成型物体中原位进行”，并记载了现有技术包含结晶态ELAPO的物体涉及首先的ELAPO结晶化和随后成型该固态物体会出现的很多不利情况，由此可见，ELAPO成型和结晶包括EL金属源均是本领域的现有技术，该发明相对于现有技术的改进并不是EL金属活性源的加入，只是成型步骤和结晶步骤的顺序调整。综上所述，本领域技术人员根据其掌握的普通技术知识可以理解并确定“活性源”的含义及其保护范围。

【案例评析】

权利要求的保护范围应当根据其所用词语的含义来理解。一般情况下，权利要求中的用词应当理解为相关技术领域通常具有的含义。

判断权利要求的保护范围是否清楚，主要看保护范围的边界是否可以清楚确定，并不要求本领域技术人员能够穷举其包括的各种具体实施方案。判断何种具体方案属于该权利要求保护范围的方法过程，以及作出判断的难易程度并不是衡量权利要求保护范围是否清楚的标准。也就是说，即使判断某些具体内容是否属于一项权利要求的保护范围之内的方法十分复杂，也并不必然导致该权利要求保护范围不清楚。本案中，“EL金属的活性源”在本领域具有通常的含义，不能因为选择EL金属活性源的方法复杂、选择过程有困难而得出其保护范围不清楚的结论。

此外，在某些技术发展较快的技术领域中，往往存在一些技术术语，虽然在词典或技术手册中尚无明确定义，但在特定技术领域中已经形成相对明确和清楚的含义。只是由于技术发展较快，词典和技术手册编纂或改版滞后，到涉案专利申请日时，这些术语还没有出现在词典或技术手册中，但这并不影响本领域技术人员对其含义的准确理解，这种情形仍然属于该术语具有本领域通常的含义的情形。例如本案中，虽然技术词典中没有关于“活性源”的相关定义，但是在本领域已经形成了约定俗成的含义，例如根据请求人提交的附件1～5可以看出，现有技术中已经在使用“活性源”一词，表达与该申请相同的含义。

（撰稿人：周文娟）

【案例3-9】专利复审委员会第12349号无效宣告请求审查决定简介

专利复审委员于2008年10月8日会作出第12349号无效宣告请求审查决定。该决定涉及申请日为2004年8月17日、名称为“一种带肋预应力钢筋混凝土预制构件板”的第200410046665.2号发明专利。

该专利授权公告的权利要求如下：

“1. 一种带肋钢筋混凝土预制构件板，包括钢筋混凝土底板、钢筋混凝土纵向肋，其特征在于：在钢筋混凝土预制构件纵向肋下两侧开有长条形或长弧形孔洞，所述的长条形或长弧形孔洞底边长L与孔洞高H之比L/H≥1.5。”

请求人认为：权利要求1中的技术特征“所述的长条形或长弧形孔洞底边长L与孔洞高H之比L/H≥1.5”包括L/H为无穷大的情形，该缺陷导致权利要求不符合《专利法实施细则》第20条第1款的规定。

合议组经审查后认为：该专利涉及一种带肋钢筋混凝土预制构件板，其通过将肋板上孔洞限定为“长条形或长弧形孔洞底边长L与孔洞高H之比L/H≥1.5”来解决方便穿筋的问题，其中“L/H≥1.5”的下限数值是为了保证一定的孔洞高，即孔洞高不宜过高，从而使孔洞以上的肋板高度能满足承载力的要求。而其上限值虽涉及无穷大的比例，但是对于本领域技术人员来说，不可能选择无穷大的比例。因为根据建筑规范规定，肋板要同时满足承载力、抗剪强度及钢筋间距的要求，本领域技术人员根据工程的实际情况，会在有限范围内选择，从而达到将大孔洞设置在纵向肋下以便于穿筋。因此本领域技术人员在实践中显然不会选择这种无穷大的没有实际意义的数值，故权利要求1的保护范围是清楚的。

【案例评析】

对于权利要求中存在明确下限而未载明上限的数值型技术特征，如何判断该特征是否清楚是专利审查中经常遇到的情形。

对于本案中涉及的“长条形或长弧形孔洞底边长L与孔洞高H之比L/H≥1.5”这一技术特征而言，按照字面及逻辑含义，L/H确实包含了大于1.5的所有数值范围。但是，对权利要求技术特征的理解，应当立足于本领域技术人员对该技术特征进行分析，而非拘囿于其字面含义，不能简单地将所述数值范围理解为纯粹的数学或逻辑概念，而将未限定数值上限的数值范围理解为涵盖足够大甚至无限大的情况。一般情况下，应当认为此类数值型技术特征具有“合理上限”，该“合理上限”是本领域技术人员根据所属领域的普通技术知识、涉案专利的整体教导结合所属领域技术发展水平、特点能够推出的“合理上限”。需要注意的是，判断上述数值型技术特征的“合理上限”时，不能简单地将该“合理上限”等同于说明书中的实施例。

本案中，合议组首先从该技术特征要解决的技术问题出发，分析“所述的长条形或长弧形孔洞底边长 L 与孔洞高 H 之比 L/H≥1.5”主要是通过对下限值的限定来保证一定的孔洞高度，使孔洞以上的肋板高度能满足承载力的要求。然后，根据本领域现有技术的情况，分析在保证孔洞以上的肋板高度能满足承载力的要求的前提下，本领域技术人员可以根据工程的实际情况进行选择，确定出一个合理的使用范围。也就是说，本案限定数值范围的目的是为了给出一个最佳的下限值，而上限值是本领域技术人员基于其知识和能力能够确定的合理使用范围，故权利要求 1 的保护范围是清楚的。

本领域技术人员基于其知识水平和能力能够意识并确定出一个合理的使用范围，是判断数值型技术特征是否清楚的必要条件。在可预测性较低的技术领域，如果本领域技术人员不能从申请日前已经公开的或已知的结果推及一个合理的使用范围的话，仅有下限而无上限的数值型技术特征就是不清楚的。

（撰稿人：樊延霞　王冬）

第四章　权利要求得到说明书支持的判断

《专利法》第 26 条第 4 款规定：权利要求书应当以说明书为依据，说明要求保护的范围。该条款的立法宗旨在于，权利要求的概括范围与申请人对现有技术的贡献相当。即权利要求的保护范围应当与说明书充分公开的范围相适应，不能将属于公众的已知技术或者尚未完成的发明囊括在权利要求的概况范围之内而损害公众利益。该条款实质上就是将所属领域技术人员根据说明书充分公开的内容可合理预期的、可实现的范围与权利要求的概括范围进行比较。如果权利要求的概括范围小于或者等于可合理预期的、可实现的范围，则权利要求的概括范围能够得到说明书的支持；反之，则认为没有得到说明书的支持。

判断一项权利要求是否得到说明书的支持，应当以所属领域的技术人员作为判断主体，综合考虑发明要解决的技术问题、权利要求的概括范围、说明书充分公开的内容、发明的核心内容。本领域技术人员具有的技术常识和常规的分析推理能力是判断能否由说明书充分公开的内容扩展到权利要求的范围时必须要考虑的一个因素。

第一节　权利要求是否得到说明书支持与所属技术领域可预测性的关系

【案例 4－1】专利复审委员会第 17520 号复审请求审查决定简介

专利复审委员会于 2009 年 5 月 19 日作出第 17520 号复审请求审查决定。该决定涉及申请号为 01814068.8、申请日为 2001 年 6 月 29 日、公开日为 2004 年 1 月 28 日、名称为“用于修复和再生软骨和其它组织的组合物和方法”的发明专利申请。

本案的争议焦点在于权利要求 1 和权利要求 25 是否得到说明书的支持，符合《专利法》第 26 条第 4 款的规定。该申请权利要求 1 和权利要求 25 分别为：

“1. 用于修复组织的聚合物组合物，所述的聚合物组合物包括聚合物和全血。”

“25. 温度依赖性聚合物凝胶组合物在制备用于在修复组织的药物中的应用，其中该组合物包含聚合物和全血。”

复审请求人认为，除壳多糖之外，该发明还同时检测了多种聚合物和血液形成的聚合物组合物，例如，多糖、藻酸盐、羟乙基纤维素或透明质酸、肝素等，根据上述内容以及实施例 4 和说明书第 22～24 页、第 28 页的相应描述，权利要求 1、权利要求 25 的技术方案是对该发明说明书的适当概括，完全得到了说明书的支持。

在复审审查过程中，合议组发出复审通知书指出，权利要求 1 和权利要求 25 不符合《专利法》第 26 条第 4 款的规定。理由如下：权利要求 1、权利要求 25 中采用了聚合物的上位概念，涵盖了众多物质，但是，对于所涵盖的众多聚合物能否和全血组成组合物用于修复组织，说明书仅在发明概述部分泛泛提到。具体实施方式中实施例 1～3、实施例 5 涉及的聚合物均以脱乙酰壳多糖为例，实施例 4（参见说明书第 24～26 页，说明书附图 15A、17A、17B、17C）中虽提及了聚合物为藻酸盐、羟乙基纤维素、透明质酸的血液/聚合物，但只是作为对照以说明这些聚合物与血液混合在固化能力、固化速度以及收缩程度等方面参数不如脱乙酰壳多糖与血液混合后能达到的效果，并未说明它们是否可用于组织修复，更未对其在用于组织修复、再生方面的效果进行表征。此外，说明书也未提供诸如构效关系的描述或数据，以说明由脱乙酰壳多糖的效果数据可以预测到其他聚合物也能产生该效果。复审请求人在答复第二次审查意见通知书时引用的说明书第 22～24 页属于实施例 4 的内容，也仅是提及血液/聚合物组合物相对于凝固全血的收缩程度；说明书第 28 页中虽记载“可以使用其他聚合物”且笼统描述了其他聚合物的性能，但并未充分公开这些聚合物的性能参数及其与血液成分的混合反应条件、应用原理、技术效果等内容。而且，根据该申请说明书的记载，有的聚合物不能用于该申请的技术方案中并解决其技术问题，例如，该申请说明书第 5 页的记载表明 PGA 和 PLA 的酸性降解产物的细胞毒性，而说明书第 10 页现有技术的概述部分记载大分子环境或基质应当不含任何细胞毒性成分，也就是说聚合物 PGA 和 PLA 不能用于解决本发明要解决的技术问题。

针对上述复审通知书，复审请求人修改了权利要求书，将复审通知书针对的权利要求 1、权利要求 25 修改为如下权利要求 1 和权利要求 18：

“1. 用于修复组织的聚合物组合物，所述的聚合物组合物包括聚合物和全血，其中所述聚合物是脱乙酰壳多糖。”

“18. 温度依赖性聚合物凝胶组合物在制备用于修复组织的药物中的应用，

其中该组合物包含聚合物和全血，其中所述聚合物是脱乙酰壳多糖。”

经审查，专利复审委员会作出了第 17520 号复审请求审查决定，认为：修改后的权利要求 1 和权利要求 18 中，将聚合物限定为脱乙酰壳多糖，由于该申请说明书的实施例部分记载了采用脱乙酰壳多糖和全血混合制备聚合物组合物的方案，并表征了其用于组织修复的效果，权利要求 1、权利要求 18 的技术方案是所属领域的技术人员从说明书充分公开的内容中可以得到的，因此，经上述修改后的权利要求 1、权利要求 18 符合《专利法》第 26 条第 4 款的规定。

【案例评析】

判断权利要求能否得到说明书的支持，关键在于判断本领域技术人员根据说明书充分公开的内容可合理预期的、可实现的范围是什么？技术领域不同，技术效果的可预测性也不同，而所述可预测性直接决定着所属领域技术人员可合理预期的、可实现的范围。对于可预测性较高的技术领域，如机械领域，本领域技术人员往往能够通过说明书给出的一个或几个具体实施例预测出发明或者实用新型在权利要求范围内的可实施性。对于可预测性较低的技术领域，技术方案的较小变化都可能导致明显不同的特性，如化学、医药、生物等领域的一些分支，因此本领域技术人仅根据说明书中的一个或几个实施例可能难以预测出发明权利要求保护范围内其他方案的可实施性，此时技术方案一般必须依赖实验结果加以证实才能成立。

判断包含有上位概念的权利要求是否得到说明书的支持时，应当在考查隶属于该上位概念的具体实施方式是否可以解决发明的技术问题并产生相应的技术效果的基础上，结合构效关系等来判断该上位概念囊括的所有实施方式是否均能够解决所述技术问题并产生预期的技术效果。如果基于本领域技术人员的技术常识，视技术领域和个案具体情形，认为技术方案的成立需要依赖于实验数据加以证实，则需考查实验数据的相关内容，包括有无实验数据、实验数据与技术效果的关联性、实验样本的代表性，以及实验数据的证明力等。

本案中，实施例中仅公开了脱乙酰壳多糖与血液混合后能产生组织修复等效果，具体实施方式中虽提及了除脱乙酰壳多糖之外的聚合物，但并没有提供能够表明这些聚合物也可以用于该发明并产生预期技术效果的定性或定量实验数据，而且说明书也未提供诸如构效关系的描述，以说明由脱乙酰壳多糖的效果数据可以预测到其他聚合物也能产生该效果。正是基于这一理由，合议组得出结论认为，本领域技术人员无法预期到权利要求 1、权利要求 25 中的上位概念（聚合物）能解决组织修复的问题并产生预期效果，故所述权利要求得不到说明书的支持。

申请文件中提及的背景技术可用于丰富审查员的相关知识，帮助审查员了解所属领域的技术状况和所属领域技术人员的水平，以更准确地判断权利要求能否得到说明书的支持。本案说明书背景技术部分明确提及，PGA 和 PLA 这两种聚合物不能实现本发明的目的，解决该发明的问题。亦即，该申请说明书的这部分内容，完全可以作为相反的证据，证明权利要求概括的保护范围内，不仅包括效果难以预先确定和评价的内容，还包括了像 PGA 和 PLA 这样的明显与该发明贡献不相适应的“聚合物”，因此不合理地侵占了公众利益，属于不支持的典型情形。

（撰稿人：张艳）

第二节　判断权利要求是否得到说明书支持的要素——技术问题的确定

【案例 4－2】 专利复审委员会第 27544 号复审请求审查决定简介

专利复审委员会于 2010 年 10 月 26 日作出第 27544 号复审请求审查决定。该决定涉及申请日为 2005 年 11 月 17 日、公开日为 2007 年 5 月 23 日、名称为“一种非金属材料化学镀的活化方法及其化学镀”的第 200510047736.5 号发明专利申请。

本案的争议焦点在于，权利要求 1 和权利要求 5 是否符合《专利法》第 26 条第 4 款的规定。其中权利要求 1 和权利要求 5 如下：

“1. 一种非金属材料化学镀的活化方法，所述非金属材料的表面含羟基，其特征在于：活化液是由硅烷偶联剂、活性离子和溶剂配制而成；所述硅烷偶联剂是一种含有氨基或巯基的有机硅化合物，活性离子是 Pd^{2+} 或 Ag^{+}；活化液的溶剂是一种含水的有机溶剂；活化液的配比，以重量计：硅烷偶联剂 0.1%～5%，活性离子 0.01%～1%，溶剂为余量，溶剂中含水 5%～20%。”

“5. 一种非金属材料化学镀，所述非金属材料的表面含羟基，其特征在于工艺过程为：基体活化，化学镀，其活化方法为：活化液是由硅烷偶联剂、活性离子和溶剂配制而成；所述硅烷偶联剂是一种含有氨基或巯基的有机硅化合物，活性离子是 Pd^{2+} 或 Ag^{+}；活化液的溶剂是一种含水的有机溶剂；活化液的配比，以重量计：硅烷偶联剂 0.1%～5%，活性离子 0.01%～1%，溶剂为余量，溶剂中含水 5%～20%。”

原审查部门认为：权利要求 1 和权利要求 5 都采用“非金属材料”进行

概括，由于非金属材料包含无机非金属材料、有机材料和半导体材料，而该申请的说明书给出的实施例仅是半导体和无机非金属材料，且该申请的活化方法使用的溶剂是一种含有水的有机溶剂，如果基体材料是能溶解于此有机溶剂中的有机材料，特别是纳米粉体的有机材料时，该基体材料将很快就溶解于有机溶剂中，难以进行非金属材料化学镀。由此本领域技术人员难以预见权利要求1和权利要求5采用"非金属材料"概括的技术方案中除无机非金属材料和半导体之外的其他所有技术方案均能解决其技术问题，因此，权利要求1和权利要求5得不到说明书的支持，不符合《专利法》第26条第4款的规定。

对此，复审决定认定：权利要求1和权利要求5分别要求保护一种非金属材料化学镀的活化方法和非金属材料的化学镀，其中对非金属材料的限定均为"表面含羟基"。根据该申请说明书的记载，由于非金属材料基体本身不具有催化活性，须经过特殊的前处理使其表面生成一层具有催化活性的金属原子才能进行化学镀。现有技术中对其进行化学镀的方法一般都需先对其表面进行刻蚀（或粗化）、敏化、活化和解胶等前处理步骤，较为繁琐。该发明要解决的技术问题是克服这一缺陷。为此，该发明仅需要进行一步前处理，即用含氨基或巯基硅烷偶联剂的活化液改性基体，干燥后，即可进行化学镀。该发明使用的活化液由硅烷偶联剂、活性离子和溶剂组成，其中的硅烷偶联剂先与活性离子配合并水解形成配合物（活性剂），生成的配合物再与非金属材料表面的羟基通过氢键结合吸附于非金属材料的表面。由此可见，首先，该申请的核心内容在于活化液的配制，即对活化液组成的改进，而不是对非金属材料本身进行改进；其次，由于活化液中生成的配合物需要与非金属材料表面的羟基通过氢键结合吸附于非金属材料的表面，因此，该申请所用的非金属材料表面应含有羟基（这已在权利要求1和权利要求5中进行了限定），而对非金属材料的其他性质并没有特殊的要求；再次，该申请的实施例1～7使用的非金属材料分别为云母粉、普通玻璃片、半导体硅、空心微珠和三氧化二铝陶瓷粉，涉及不同化学组成和基体形态（块状、粉体等）的各种非金属基体；最后，由于该申请的活化液中使用了有机溶剂，本领域技术人员自然能够排除那些能够溶于有机溶剂的非金属材料。综上所述，权利要求1和权利要求5中"非金属材料"的概括是适当的，能够得到说明书的支持。

【案例评析】

在判断权利要求是否能够得到说明书支持时，要先明确判断的主体为所属技术领域的技术人员，也就是说，应站在所属技术领域的技术人员的角度来判断该概括是否合理，即判断权利要求保护的技术方案与其对现有技术做出的贡献是否相适应。判断时要根据说明书的整体内容，并参照与涉案专利申请相关的现有技术，找准发明要解决的技术问题（或发明目的），然后再分析发明为解决所述技术问题（或实现所述发明目的）采用的关键技术手段；继而紧紧围绕所采用的关键技术手段，逐个特征分析权利要求概括的内容是否恰当。对于专利申请中未声称改进的、明确采用现有技术的技术特征，则可以允许申请人进行适当的上位概括，在此基础上，对于明显不适于涉案专利申请的技术特征（方案），所属技术领域的技术人员基于所掌握的技术知识可以进行合理排除。

本案关于权利要求是否得到了说明书支持的争议焦点在于：权利要求1和权利要求5中“非金属材料”的概括是否适当。根据该申请说明书的记载，该申请要解决的技术问题如下：尽管化学镀与电镀相比具有镀层致密、孔隙少等优点，但要求待镀基体或其表面有一定的催化活性；对于非金属材料的待镀基体，由于基体本身不具有催化活性，则须经过特殊的前处理使其表面生成一层具有催化活性的金属原子才能进行化学镀；现有技术中对其进行化学镀的方法一般都需先对其表面进行刻蚀（或粗化）、敏化、活化和解胶等前处理步骤，较为繁琐。该申请为解决上述技术问题，提供了一种对表面含羟基的非金属材料进行化学镀的活化方法，该方法仅需要进行一步前处理，即用含氨基或巯基硅烷偶联剂的活化液改性基体，干燥后，即可进行化学镀。在该申请的说明书中详细记载了上述活化液的制备过程，但并未记载需要对非金属材料基体本身进行改进，也没有记载需要选择特定的非金属材料与涉案专利申请的活化液配合才能实现发明目的。由此可见，该申请的核心内容在于活化液的配制，即对活化液组成的改进，而不是对非金属材料本身进行改进。由于活化液中生成的配合物需要与非金属材料表面的羟基通过氢键结合吸附于非金属材料的表面，因此，该申请所用的非金属材料表面应含有羟基，而该限定已记载在权利要求1和权利要求5中。除此以外，对非金属材料的其他性质并没有特殊的要求，例如说明书中记载了“该工艺可适用于表面含羟基的宏观材料或粉体材料非金属材料”；同时，说明书中实施例1～7使用的非金属材料分别为云母粉、普通玻璃片、半导体硅、空心微珠和三氧化二铝陶瓷粉，即已经涉及不同化学组成和基体形态（块状、粉体等）的各种非金属基体；所属技术领域的技术人员能够合理排除那些能溶于有机溶剂的不适于该申请所述方法的一些非金属材料。基于上述综合分析，合议组认为权利要求1和权利要求5中“非金属材料”的概括是适当的，能够得到说明书的支持，进而作出第27544号复审请求审查决定，撤销原驳回决定。

（撰稿人：李德宝）

第三节　权利要求是否得到说明书支持与现有技术的关系

【案例 4－3】 专利复审委员会第 17442 号复审请求决定简介

专利复审委员会于 2009 年 5 月 26 日作出的第 17442 号复审决定。该决定涉及申请日为 2000 年 7 月 14 日、优先权日为 1999 年 7 月 16 日、名称为“口服液体组合物”的第 00812537.6 号发明专利申请。

本案焦点在于，权利要求 1 是否符合《专利法》第 26 条第 4 款有关支持的规定，其中所涉及的权利要求 1 如下：

“1. 一种药物组合物，含有：

至少一种或多种药物活性剂，其中所述药物活性剂选自下述活性剂，其中至少一种所述活性剂含有至少一个酸部分，且至少一种所述活性剂含有至少一个酯基或其它化学活性部分，其中所述酯基或其他化学活性部分的末端部分在体外或体内被水解或另外被除去，形成至少一个酸部分；并且其中所述药物活性剂以 3∶1 的酸∶溶质到 10 000∶1 的酸∶溶质的比例溶于酸中或其药物许可的盐中；

在软明胶胶囊的情况下：

聚乙二醇 400、甘油、水、聚山梨醇酯 80 和 PVP K29－32；和

在硬明胶胶囊的情况下：

聚乙二醇 400、聚乙二醇 4600 或聚乙二醇 3350、甘油、水、吐温 80 和 PVP K29－32。”

复审请求人认为，权利要求已经对分散剂、助溶剂、表面活性剂以及增塑剂的选择进行了限定，且上述辅剂组分都记载在实施例中，故权利要求能够得到说明书的支持。专利复审委员会合议组认为，该申请权利要求 1 请求保护一种药物组合物，并对该药物在软明胶胶囊和硬明胶胶囊时的辅剂组分的选择进行了具体限定。根据该申请说明书的记载，该申请旨在提供一种口服液体组合物，通过选择辅剂成分并利用它们之间的配合，用于增强这种组合物中药物活性成分的吸收速度和吸收率，同时用于减小因摄入这种药物活性成分而诱导或引起的胃刺激，并使得该口服液体组合物可用于填充软胶囊或该申请所述的固化的硬胶囊，特别是软明胶胶囊和硬明胶胶囊。该申请说明书中进一步强调与现有技术相比较，该申请的药物组合物提供美国专利 US5183829 配方所遇问题（即不能用于软明胶胶囊）的解决方案，可见该申

请的发明点不仅在于组合物辅剂的选择，而且还在于它们之间的配合。然而该申请口服液体组合物的辅剂选择与上述美国专利中药物配方的选择部分相同，在此基础上，所属技术领域的技术人员无法预测权利要求中的辅剂选择如何能够解决上述美国专利中的药物配方不能用于软明胶胶囊的技术问题，从而实现该发明的目的。由此可见，该申请并未给出足以支持权利要求 1 的技术内容。

根据上述事实和理由，本案合议组作出第 17442 号复审决定，维持驳回决定。

【案例评析】

根据《专利法》第 26 条第 4 款以及《审查指南 2006》的相关规定，权利要求的概括应当不超出说明书公开的范围。所谓“不超出说明书公开的范围”是指，当把说明书记载的内容扩展到权利要求所概括的范围时，如果所属技术领域的技术人员根据其所掌握的现有技术以及说明书所给出的信息，难于预先确定和评价权利要求概括的技术方案所能达到的技术效果，则该权利要求的概括得不到说明书的支持。

判断概括出的权利要求是否得到说明书的支持时，所属技术领域的技术人员首先要正确确定权利要求的保护范围以及说明书公开的整体内容，然后再判断权利要求的概括范围是否适当。判断权利要求概括是否适当，不能仅仅考虑实施例，而是应当充分考虑说明书的全部内容。通常，首先要分析发明创造要解决何种技术问题，实施例中提供了何种解决方案，权利要求概括的技术方案排除实施例的具体情形后还包括哪些情形，这些情形是否都能取得如同实施例一样的技术效果，是否能够解决发明创造所要解决的技术问题。需要注意的是，上述判断需要从所属技术领域的技术人员的角度出发，考虑现有技术状况；重点是要判断根据现有技术和说明书的内容，所属技术领域技术人员是否能预测出权利要求的保护范围均能解决所述技术问题：如果所属技术领域的技术人员能预测权利要求的保护范围均能解决其所述技术问题，则权利要求得到说明书的支持；反之则不能得到支持。现有技术给出的教导多少直接决定着可预测的程度，现有技术的相关教导越多，越容易预测是否能解决所提出的技术问题；现有技术相关教导越少则越难预测。

具体到本案中，合议组首先根据说明书的记载确定了该申请所要解决的技术问题，即要解决该申请说明书背景技术中记载的美国专利 US5183829 中的药物配方不能用于软明胶胶囊的技术问题；然后将权利要求 1 的内容与说明书进行比较。权利要求 1 中仅仅限定了软明胶胶囊和硬明胶胶囊的辅剂组分的具体选择，并未根据实施例的记载对它们之间的比例关系进行具体限定，且其中的辅剂选择及组合与美国专利 US5183829 的药物配方中的选择部分相同。在此基础上，所属技术领域的技术人员无法预测权利要求中的那些排除实施例所列举的具有特定配比关系的辅剂组合之外的辅剂组合是否能够解决背景技术中记载的美国专利 US5183829 中的药物配方不能用于软明胶胶囊的技术问题，从而实现该发明的目的。

另外，"以说明书为依据"应当是指说明书内容对权利要求所述技术方案的实质支持，说明书不能仅与权利要求在文字上有一致性的描述，还应记载发明的关键因素如何实施或关键因素是否能真正解决技术问题。具体到本案中，虽然在发明详述部分用描述性的语言对常用辅剂组分的选择进行了断言，如"这些分散剂本领域公知""这些易得的助溶剂本领域公知""这类增塑剂在药物制剂领域公知"等，然而该申请实施例中仅记载了有限的几种特定辅剂组分的特定配合使用；该申请说明书也并没有明确记载所采用的技术方案可以解决该申请技术问题的作用原理，即基于何种机理选择合适的辅剂组分及其配合的比例从而使其能用于填充软明胶胶囊和硬明胶胶囊，并达到预期的效果。由此可见，所属技术领域的技术人员根据其掌握的普通技术知识和说明书的记载无法预测排除实施例记载的那些具体辅剂配方之外的其他辅剂的选择和配合也能解决该发明所要解决的技术问题，达到所述技术效果，从而实现该发明的目的，因此权利要求 1 的技术方案没有得到说明书的实质支持。

（撰稿人：宋晓晖）

第五章　新颖性的判断

根据《专利法》第22条第1款的规定，申请专利的发明和实用新型具备新颖性是授予其专利权的必要条件之一。具备新颖性的发明和实用新型应当既不同于现有技术，也不同于在申请日以前由他人向专利局提出过申请并且记载在申请日以后（含申请日）公布的专利申请文件中的发明或实用新型。现有技术是指申请日前在国内外出版物上公开发表、在国内公开使用或者以其他方式为公众所知的技术。现有技术应当在申请日以前处于能够为公众获得的状态，并包含有能够使公众从中得知实质性技术知识的内容。

根据《专利法》第22条第2款的规定，在发明或者实用新型新颖性的判断中，由他人在该申请的申请日以前向专利局提出并且在申请日以后（含申请日）公布的同样的发明或者实用新型专利申请，损害该申请日提出的专利申请的新颖性。在判断新颖性时，将这种损害新颖性的专利申请，称为抵触申请。确定是否存在抵触申请时，应当以其全文内容为准，不仅要查阅在先专利或专利申请的权利要求书，还要查阅其说明书（包括附图）。

对比文件作为判断发明或者实用新型是否具备新颖性等所引用的相关文件（包括专利文件和非专利文件），是客观存在的技术资料。引用对比文件判断发明或者实用新型的新颖性时，应当以对比文件公开的技术内容为准。该技术内容不仅包括明确记载在对比文件中的内容，而且包括对于所属技术领域的技术人员来说，隐含的且可直接地、毫无疑义地确定的技术内容。但是，不得随意将对比文件公开的内容扩大或缩小。另外，对比文件中包括附图的，也可以引用附图。而且在引用附图时必须注意，只有能够从附图中直接地、毫无疑义地确定的技术特征才属于公开的内容，由附图中推测的内容，或者无文字说明、仅仅是从附图中测量得出的尺寸及其关系，不应当作为已公开的内容。

外观设计专利能否作为对比文件，用来评价发明或者实用新型专利的新颖性是一个值得研讨的问题。一般来说，外观设计专利公告记载内容的性质与一般出版物记载内容的性质相同，外观设计专利的产品名称、图片或者照片所示的产品可以反映出该外观设计专利产品形状、结构等方面的技术信息，可以作为现有技术用于评价发明或者实用新型的新颖性或创造性。但在涉及抵触申请的情形时，根据《专利法》第22条第2款的规定，设立抵触申请的目的是为了避免重复授权和权利冲突。由于发明和实用新型专利保护的客体是技术方案，而外观设计保护的是对产品造型的设计，因此，发明和实用新型专利与外观设计专利不属于同样的发明创造客体，不存在重复授权和权利冲突的问题。正是基于这一原因，外观设计专利并不能构成发明或者实用新型专利的抵触申请。

判断包含性能、参数、用途或制备方法等特征的产品权利要求是否具备新颖性的关键在于，确定权利要求中的性能、参数、用途或制备方法等特征是否隐含了产品的特定结构和/或组成。如果性能、参数、用途或制备方法等特征使产品具有区别于对比文件产品的结构和/或组成，则权利要求具备新颖性；如没有使产品具有区别于对比文件产品的结构和/或组成，则仅该特征的区别并不能使权利要求具备新颖性。审查实践中，在难以判断性能、参数、用途或制备方法等特征是否使产品具有区别于对比文件产品的结构和/或组成时，审查员通常会推定权利要求不具备新颖性，将举证责任转移至申请人，由申请人来证明这些特征的存在导致权利要求的产品具有区别于对比文件产品的结构和/或组成。

使用公开的方式包括能够使公众得知其技术内容的制造、使用、销售、进口、交换、馈赠、演示、展出等方式。只要通过上述方式使有关技术内容处于公众想得知就能够得知的状态，就构成使用公开，而不取决于是否有公众得知。

第一节　对比文件公开技术内容的认定

【案例5-1】专利复审委员会第14143号无效宣告请求审查决定简介

专利复审委员会于2009年11月14日作出第14143号无效宣告请求审查决定。该决定涉及申请日为2002年5月29日，授权公告日为2004年10月6日，名称为“钢筋砼用空心管及其制作方法、专用模具”的第02122558.3号发明专利。

该专利授权公告的权利要求书包括权利要求 1～86，其中权利要求 26 如下：

“26. 一种钢筋砼用空心管，包括空心管体和管端封口板，管端封口板封闭空心管形成封闭空腔，其特征在于空心管体有一条沿纵向的管壁胚体的两料浆胚边接合而成的胶结接合缝，管端封口板包裹在空心管管端口内壁。”

无效宣告程序中，请求人的无效宣告理由之一为相对于附件 8（图 5－1 为附件 8 的说明书附图 2），权利要求 26 不具备新颖性。

经合议组核查，附件 8 为他人于该专利申请日前向专利局提出并在该专利申请日后公开的中国专利文献，只可用于评述该专利的新颖性。

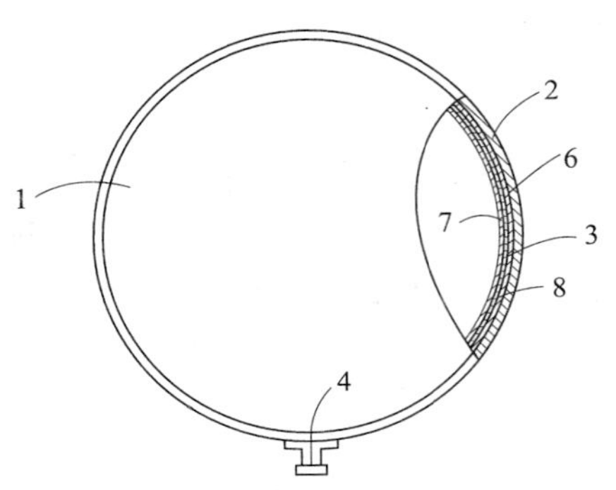

图 5－1　附件 8 说明书附图 2

附件 8 记载了如下内容：一种现浇空心楼板用芯管的制造方法，包括两种现浇空心楼板用芯管的制造方法，方法一步骤如下：a. 预制端盖 1；b. 在外模板 2 上铺料 3 并抹平压实；c. 将覆有料 3 的外模板 2 卷起，放置端盖 1 后定型并振捣封缝；d. 养护；e. 脱外模板 2。方法二步骤如下：a. 预制端盖 1；b. 在外模板 2 上铺料 3 并抹平压实；c. 将覆有料 3 的外模板 2 卷起定型，封缝后放置端盖 1；d. 养护；e. 脱外模板 2。以上所述的 c 步骤的封缝是在定型的料 3 内侧将料 3 形成的缝 4 抹平。所述的 c 步骤中的将覆有料 3 的外模板 2 卷起可为在料 3 上放置抹平芯模 5 后再卷起覆有料 3 的外模板 2；封缝是将抹平芯模 5 从一端抽出。所述的放置抹平芯模 5 可为将抹平芯模 5 放置在料 3 上的一端，封缝是将抹平芯模 5 从另一端抽出。所述的料 3 可为两层胶凝材料 6、7 之间夹有一层增强网 8。所述的料 3 可为胶凝材料中掺有增强丝。所述的端盖 1 为胶凝材料或在胶凝材料中夹有增强网或在胶凝材料中掺有增强丝。

合议组认为，结合附件 8 说明书及其附图（图 5－1）可以确定权利要求 26 与附件 8 公开的技术方案存在区别特征“管端封口板包裹在空心管管端口内壁”，两者的技术方案并不相同，因此，请求人关于权利要求 26 不符合

《专利法》第 22 条第 2 款规定的无效理由不能成立。

一审判决通过推定认定附件 8 公开了权利要求 26 中的“管端封口板包裹在空心管管端口内壁”这一技术特征，

二审判决[1]则认为：结合附件 8 的说明书附图 2 和说明书实施例 1 的 c 步骤，可以认定附件 8 实施 1 中并没有公开“管端封口板包裹在空心管管端口内壁”这一技术特征，第 14143 号无效决定认定该专利权利要求 26 项对于附件 8 实施例 1 中的技术方案具备新颖性，有事实和法律依据。据此，撤销一审判决，维持第 14143 号无效决定。

【案例评析】

本案的争议焦点为，附件 8 是否公开了该专利权利要求 26 中的“管端封口板包裹在空心管管端口内壁”这一技术特征。

本案中，附件 8 中没有明确记载所述“端盖”是在空心管内还是空心管外，但是文字记载的制造方法中均是卷起外模板的步骤在前，放置端盖的步骤在后，所属技术领域的技术人员据此可知所述端盖通常放置于要成型空心管管端口的外侧，而不是放置在空心管管端口内壁；而且附件 8 的说明书附图 2 中端盖 1 的直径与外模板卷起后所形成的空心管的外径相同，附图 2 显示出端盖 1 位于外模板 2 的内部，而不是空心管管端口内壁。因此，结合附件 8 说明书附图 2 和文字记载，可以确定附件 8 中并没有公开“管端封口板包裹在空心管管端口内壁”这一技术特征。上述判断过程在使用附件 8 说明书附图时，并未使用由附图推测得到的内容，端盖 1 直径与外模板卷起后形成圆的内径以及空心管内外径之间的关系也不是依靠测量得出的，而是在相关文字说明的基础上结合附图所示信息得出的。

由于说明书及其附图、权利要求书都是专利授权文件的组成部分，因此要根据上述组成部分整体考虑其公开的技术内容，全面理解专利文件中记载的内容及其说明书附图示出的信息，利用专利文件中与之相关的文字描述和相关说明书附图示出的信息进行综合判定，不能随意进行推定，以防将专利文件公开的内容扩大或缩小。

（撰稿人：汤元磊）

---

[1] 参见：北京市高级人民法院（2010）高行终字第 1172 号行政判决书。

【案例 5-2】 专利复审委员会第 14558 号无效宣告请求审查决定简介

专利复审委员会于 2010 年 3 月 15 日作出第 14558 号无效宣告请求审查决定。该决定涉及申请日为 2007 年 12 月 8 日、授权公告日为 2008 年 12 月 10 日、名称为“油汀散热片内牙螺母固定结构”的第 200720312224.1 号实用新型专利。

该专利授权公告的权利要求书如下：

“1. 一种油汀散热片内牙螺母固定结构，包括散热片（1）及装在散热片通油孔上的内牙螺母（2），其特征在于：所述的内牙螺母（2）与散热片（1）焊接固定。”

该专利相关附图如图 5-2 所示。

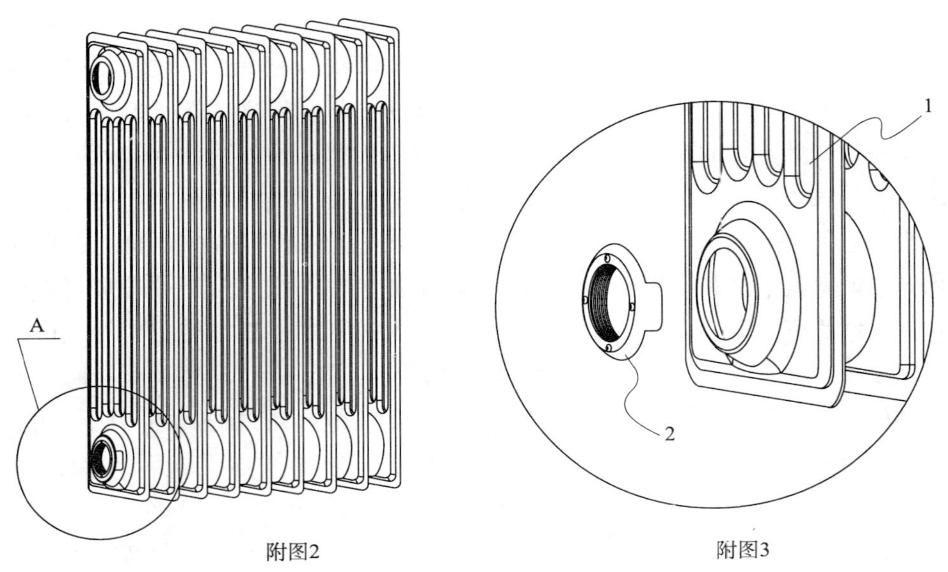

图 5-2　该专利附图 2 和附图 3

附图 2：装设有该实用新型实施例的油汀散热片内牙螺母固定结构的油汀示意图；附图 3：附图 2 中的 A 部放大图。

请求人认为该专利权利要求 1 相对于附件 1 不具备新颖性。

附件 1 相关附图如图 5－3 所示。

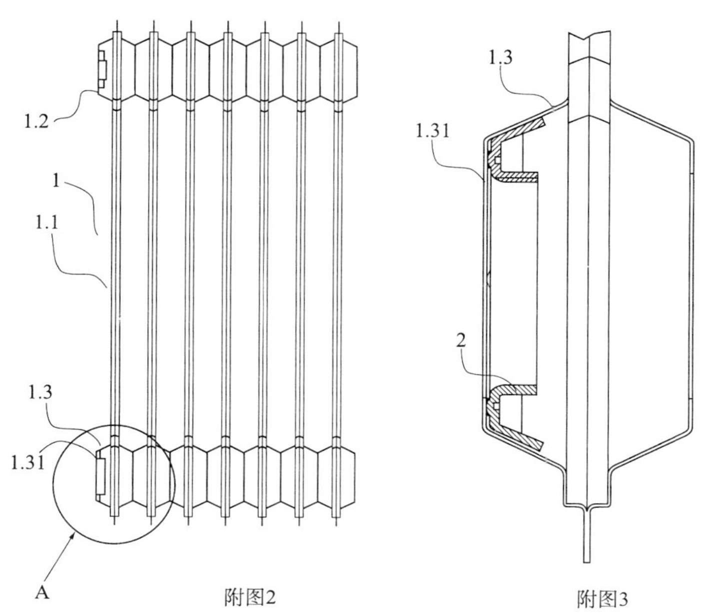

图 5－3　附件的附图 2 和附图 3

附图 2：电热油汀的散热体的示意图；附图 3：附图 2 中的 A 部分的放大图。

合议组经审查后认为：附件 1 属于由他人在该专利的申请日以前向专利局提出并且在申请日以后公布的实用新型专利申请，可以用来评价该专利的新颖性。附件 1 公开了一种用于固定油汀发热体的固定件及具有它的油汀，其中权利要求 8 公开了“一种油汀，包括散热体，发热体，安装在散热体前侧上的电控箱，散热体包括依次连接的多个散热片，散热片的上下端成形为或安装有中空的连接套，发热体从最前侧散热片下端的连接套插入散热体内，最前侧散热片下端的连接套的内壁上固定有固定件，固定件与固定在所述发热体上的紧固件配合以便将发热体固定在散热体内。所述固定件焊接到最前侧散热片下端的连接套的内壁上，固定件具有筒状主体，所述筒状主体的中心孔为螺纹孔，所述筒状主体的侧壁在其一端径向向外延伸以便形成凸沿。”附件 1 说明书中记载，“根据本实用新型实施例的固定件 2，也可以称为固定螺母或内牙”。虽然附件 1 没有文字记载通油孔这一技术特征，但由附件 1 的附图 1、附图 2 可见发热体 5 通过孔 1.31 插入散热体 1 内，鉴于附件 1 的主题名称也是一种油汀，设置发热体的目的即为对油汀中的油进行加热，因此根据附图 1、附图 2 所示出的发热体、孔

1.31、散热体的整体位置关系，可直接地、毫无疑义地确定附件1中的孔1.31即为通油孔，即附件1中的孔1.31相当于该专利权利要求1中的通油孔。基于附件1的技术领域、所解决的技术问题、技术方案和预期效果均与该专利权利要求1实质上相同，故两者为同样的实用新型，该专利的权利要求1不具备《专利法》第22条第2款规定的新颖性。

【案例评析】

本案中，合议组通过附件1的说明书和权利要求书的文字记载，并将文字公开的内容与附图中公开的部件的位置关系整体考虑，结合本领域技术人员的普通技术知识确定，附件1中的孔1.31相当于涉案专利权利要求1中的通油孔。此外，附件1中的固定件2装在孔1.31上，并且通过焊接的方式与散热片上的连接套固定，该种连接方式是否属于该专利中限定的“内牙螺母（2）与散热片（1）焊接固定”，需要对该专利和附件1的整体内容进行综合考虑。该专利仅有一个实施例，结合该专利图2、图3示出的安装位置可见，该专利该实施例中的内牙螺母也是通过散热片上的连接套固定在散热片的通油孔上的，故该专利中所述的“内牙螺母与散热片焊接固定”包括内牙螺母通过散热片上的连接套与散热片焊接固定的情形，由此能够判定附件1公开了内牙螺母与散热片焊接固定这一技术特征。

（撰稿人：张艳）

【案例5-3】专利复审委员会第30744号复审请求审查决定简介

专利复审委员会于2011年1月27日作出第30744号复审请求审查决定。该决定涉及申请日为2003年12月19日、优先权日为2002年12月19日、公开日为2006年2月22日、名称为“人造草垫及其制造方法”的第200380108959.7号发明专利申请。

驳回决定所针对的独立权利要求1如下：

“1. 一种人造草垫，包括背衬和分隔成行并连接到背衬上的许多突出的人造草茎，其特征在于，在一行中连续的茎之间的相互距离基本上等于在相邻行之间的距离，并且至少是10mm。”

该申请权利要求1要求保护的人造草垫是为了解决人造草地在不同方向显示不同特征而导致球在地面上滚动不均的问题，采用的技术手段是：“在一行中连续的茎之间的相互距离基本上等于在相邻行之间的距离，并且至少是10mm。”驳回决定引用对比文件1（CN1255176A，公开日为2000年5月31日），认为该申请权利要求1相对于对比文件1不具备新颖性。经核查，对比文件1公开了一种人造草皮，其中，为了减少列间距较密时通常会发生的填充物的压实的问题，采用较宽间距的成列扁带，并具体公开了以下内容：包括基底和具有较宽间隔的扁带的列，扁带连接在基底或垫层上，扁带列之间的距离为 5/8～2.25 英寸，即 15.875～57.15mm，每英寸长度的列可制出 2～8 簇（1/8～1/2 英寸），即簇之间的距离为 3.175～12.7mm（参见该对比文件 1 的说明书第 7 页以及附图 6、附图 7、附图 8），如图 5－4 和图 5－5 所示。

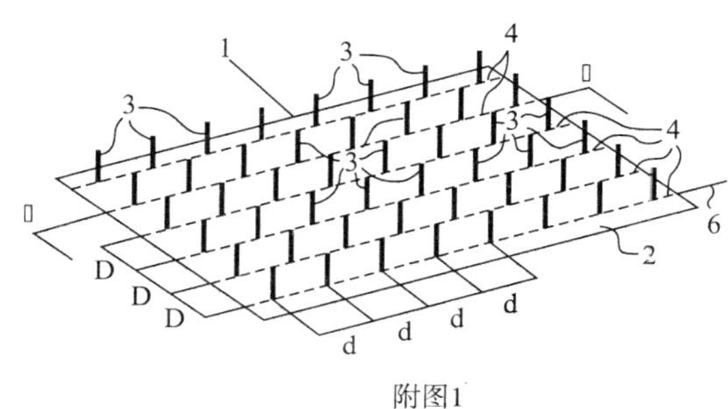

图 5－4　该申请附图 1

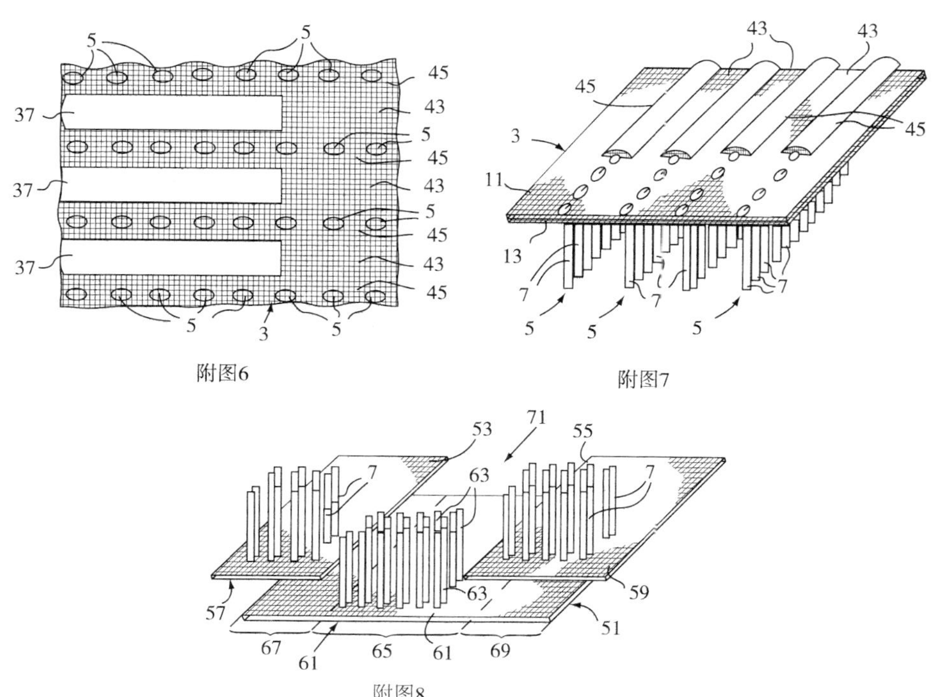

图 5－5　对比文件 1 中的附图 6、附图 7 和附图 8

驳回决定认为，将对比文件1列间距的最小值15.875mm与行间距的最大值12.7mm进行比较，二者仅相差3毫米，可以视为是基本相等的，在此基础上认为对比文件1公开了“列间距离与簇间距离是基本相等的，且大于10mm”这一技术特征；同时，对比文件1也没有给出相反的教导，即没有给出列间距离与簇间距离一定不能相等的教导，那么，采用列间距离为15.875mm、簇间距离为12.7mm的技术方案显然是可行的，且由于该技术方案的客观存在性，其必然能解决相同的技术问题，并达到相同的技术效果。

合议组经审查后认为，权利要求1限定茎的行间距基本上等于列间距是为了获得草茎的均匀分布，“基本上等于”应该理解为能够实现草茎均匀分布的距离，而对比文件1为了减少列间距较密时通常会发生的填充物的压实的问题，采用较宽间距15.875～57.15mm的成列扁带，并且簇间的距离为3.175～12.7mm，也就是说对比文件1解决的技术问题并不是为了实现草茎的均匀分布。即使对比文件1中采用列间距离为15.875mm、簇间距离为12.7mm的技术方案，其列间距与行间距也不能视为“基本上等于”。因此，对比文件1并没有公开“在一行中连续的茎之间的相互距离基本上等于在相邻行之间的距离”这一特征，对比文件1公开的内容与权利要求1的技术方案实质不同，所解决的技术问题、达到的技术效果亦不相同，驳回决定中关于该申请权利要求1不具备新颖性的理由不成立。

【案例评析】

在新颖性的判断过程中，要综合考虑技术方案、技术领域、所解决的技术问题、技术效果等内容，判断专利申请的技术方案与对比文件的技术方案是否实质上相同。只有所属技术领域的技术人员根据两者的技术方案可以确定两者能够适用于相同的技术领域，解决相同的技术问题，并具有相同的预期效果，则认为两者为同样的发明创造。

本案中，驳回决定认为：在人造草垫领域中，由于植绒方法的差异和制造方法中的其他操作因素，很可能产生3mm误差，因此对比文件1所述的15.875mm列间距与12.7mm簇间距是基本相等的，公开了该申请列间距离与簇间距离基本相等的技术方案。

但是，通过分析对比文件1与该申请要解决的技术问题，可以确定该申请的“基本上等于”应该理解为能够实现草茎均匀分布的距离，而对比文件1是为了减少列间距较密时通常会发生的填充物压实的问题，采用较宽间距的成列扁带，也就是说对比文件1解决的技术问题并不是为了实现草茎的均匀分布；而且驳回决定中选取了对比文件1中所述列间距范围的最小端值15.875mm和簇间距离范围中的最大簇间距12.7mm作为对比的技术方案，即使在该选取的技术方案中，最小列间距也大于最大行间距，即采用较宽的列间距，其预期效果仍然是减少列间距，与该申请的预期效果不同。因此，综合考虑该申请与对比文件 1 的技术方案、要解决的技术问题、达到的技术效果可知，对比文件 1 公开的“扁带列之间的距离为 5/8 英寸至 2.25 英寸之间，每英寸长度的列可制出 2～8 簇（1/8～1/2 英寸）”不能视为该申请的“在一行中连续的茎之间的相互距离基本上等于在相邻行之间的距离”。

（撰稿人：樊延霞）

第二节　外观设计作为对比文件的新颖性审查

【案例 5－4】专利复审委员会第 9974 号无效宣告请求审查决定简介

专利复审委员会于 2007 年 5 月 24 日作出第 9974 号无效宣告请求审查决定。该决定涉及申请日是 2005 年 6 月 29 日、授权公告日为 2006 年 8 月 9 日、专利权人为刘军、名称为“机油滤清器外壳”的第 200520110560.9 号实用新型专利。

该专利授权公告的权利要求 1 如下：

“1. 一种机油滤清器外壳，其特征在于：该外壳由主体及端头构成，主体为圆筒形，端头的外廓为多面体形状，端头位于主体的顶部，端头与主体连接为一体，所述端头带有内孔，内孔为多边形孔。”

针对该专利，请求人提交了附件 1 作为对比文件，认为附件 1 是他人在该专利申请日前申请、在后公开的外观设计专利，其中公开了该专利权利要求 1 的全部技术特征，导致权利要求 1 不符合《专利法》第 22 条第 2 款的规定。

合议组经审查认为：附件 1 是于该专利申请日前向专利局提出的、在该专利申请日后公开的外观设计专利，而该专利为实用新型专利，由于外观设计专利与发明或实用新型专利不属于同样的发明创造，不存在重复授权的问题，因而不能构成该实用新型专利的抵触申请。

【案例 5－5】专利复审委员会第 14372 号无效宣告请求审查决定简介

专利复审委员会于 2009 年 12 月 9 日作出第 14372 号无效宣告请求审查决定。该决定涉及申请日为 2006 年 11 与 17 日、授权公告日为 2008 年 1 月 23 日、名称为“一种混凝土渠道预制构件”的第 200620157454.0 号实用新型专利。

该专利授权公告的权利要求 1 为：

“1. 一种混凝土渠道预制构件，由内壁及上顶檐，过度（应当为“渡”。——编者注）圆弧面和内外圆弧底面构成，其特征在于：混凝土预制构件的内壁（4）和外壁（5）与底部内圆弧底面（6）和外圆弧底面（7）分别过度相连接，形成一截面为 U 形结构的混凝土渠道预制构件，在混凝土渠

道预制构件的上顶端设有檐（1）。”（如图 5－6）

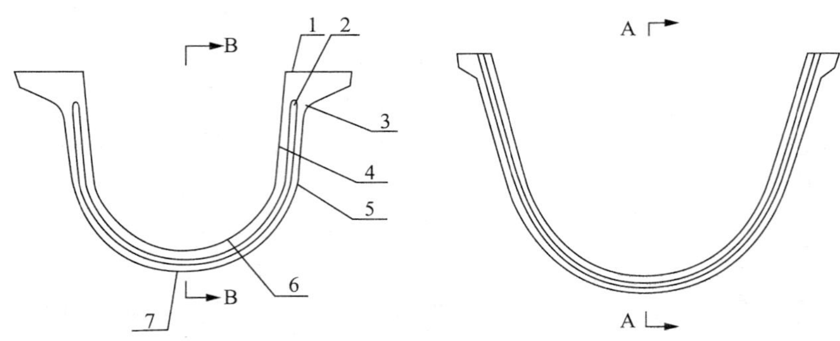

图 5－6　该专利横截面示意图　　　**图 5－7　附件 1 的主视图**

请求人认为权利要求 1 相对于附件 1（ZL98310948.6 号中国外观设计专利文件）不具备新颖性。

合议组经审查认为：该专利权利要求 1 要求保护一种混凝土渠道预制构件，附件 1 公开了一种 U 形混凝土构件，由主视图（图 5－7）可知，其内壁和外壁与底部内圆弧面和外圆弧面分别过渡连接，形成一个截面为 U 形的混凝土构件，在所述构件顶端（也即 U 形的两端）设有檐。可见，附件 1 中公开的 U 形混凝土构件与该专利权利要求 1 中的混凝土渠道预制构件的结构完全相同，该专利权利要求 1 中虽然限定了预制构件用于渠道，但所述用途限定并未使其结构区别于附件 1 中 U 形混凝土构件的结构。即该专利权利要求 1 与附件 1 所公开的技术方案实质相同，且二者均属于混凝土构件领域，解决的技术问题和达到的预期效果也相同，因此，权利要求 1 相对于附件 1 不具备新颖性。

专利权人不服向法院起诉，认为外观设计不属于现有技术，只是一种具有美感的设计，不属于技术方案，不能用于评价新颖性和创造性。一审法院和二审法院经审理后，均维持了第 14372 号无效宣告请求审查决定。

【案例评析】

外观设计专利能否作为对比文件用于评价一项发明或者实用新型专利的新颖性或创造性是审查实践中经常面临的问题。案例 5－4 的焦点问题在于，在先申请、在后公开的外观设计专利能否作为评价发明或者实用新型专利的抵触申请；案例 5－5 的焦点问题在于，外观设计能否作为现有技术用于评价一项实用新型专利权利要求的新颖性和创造性。

《专利法实施细则》第 2 条规定：“专利法所称发明，是指对产品、方法或者其改进所提出的新的技术方案。专利法所称实用新型，是指对产品的形状、构造或者其结合所提出的适于实用的新的技术方案。专利法所称外观设计，是指对产品的形状、图案或者其结合以及色彩与形状、图案的结合所作出的富有美感并适于工业应用的新设计。”可见，发明和实用新型专利保护的客体是技术方案，而外观设计保护的是对产品造型的设计，发明和实用新型专利与外观设计专利不属于同样的发明创造，《专利法实施细则》中已经对其保护客体进行了明确区分。

《专利法实施细则》第13条第1款规定，同样的发明创造只能被授予一项专利。为了避免对同样的发明创造重复授予专利权，《专利法》第22条第2款进一步明确：新颖性，是指在申请日前没有同样的发明或者实用新型在国内外出版物上公开发表过、在国内公开使用过或者以其他方式为公众所知，也没有同样的发明或者实用新型由他人向国务院专利行政部门提出过申请并且记载在申请日以后公布的专利申请文件中。根据这一规定，在发明或者实用新型的新颖性判断中，由他人在该专利的申请日以前向专利行政部门提出并且在该专利申请日后（含申请日）公布的同样的发明或者实用新型，能够损害该专利的新颖性（为描述方便，在判断新颖性时，将这种损害新颖性的专利申请，称为抵触申请），外观设计并没有被列入抵触申请文件的范畴。案例5-4中，附件1为在该专利申请日前向专利行政部门提出申请、在该专利申请日后公开的外观设计专利，根据上述规定，其不能作为抵触申请来评价该实用新型专利的新颖性。

然而，虽然在先申请、在后公开的外观设计专利不能作为抵触申请评价发明或者实用新型专利的新颖性，但这并不意味着公开在先的外观设计专利文件不能作为现有技术评价发明或者实用新型专利的新颖性和创造性。这是因为，虽然根据《专利法实施细则》第2条第3款的规定，外观设计是指对产品的形状、图案或者其结合以及色彩与形状、图案的结合所作出的富有美感并适于工业应用的新设计，但其仍然是以产品为载体的，其中所述产品的形状，是指对产品造型的设计，是通过产品外部的点、线、面的移动、变化、组合而呈现的外表轮廓，是对产品的结构、外形等同时进行设计、制造的结果。只要是所属领域技术人员能够根据外观设计附图直接得出的技术方案，均为申请日前已经存在的技术方案，其没有理由不能作为现有技术来评价发明或者实用新型专利的新颖性和创造性。这正是案例5-5中合议组不同于专利权人的观点所在，该观点也得到了一、二审法院的支持。[1]

（撰稿人：官墨蓝　王冬）

---

[1] 参见：北京市第一中级人民法院（2010）一中知行初字第1019号民事判决书、北京市高级人民法院（2010）高行终字第1372号民事判决书。

第三节 使用公开的认定与新颖性审查

【案例5-6】专利复审委员会第10302号无效宣告请求审查决定简介

专利复审委员会于2007年7月24日作出第10302号无效宣告请求审查决定。该决定涉及申请日为2004年4月28日、授权公告日为2006年1月25日、名称为“一种作为超白抛光瓷砖原料的球土及其生产方法”的第200410027086.3号发明专利。

该专利授权公告的权利要求1如下：

“1. 一种作为超白抛光瓷砖原料的球土，该球土包含有如下原料：高岭土、二次粘土、水、稀释剂及絮凝剂；以球土的总重量计，其中：高岭土含量为14%～63%；二次粘土含量为7%～56%；稀释剂的含量为0.01%～2%，絮凝剂的含量为0.01%～1%，水为22%～32%。”

请求人提交如下附件证明权利要求1不具备新颖性：

附件3：惠州隆光陶瓷原料有限公司编号为WI—QC—SD—3和WI—QC—SD—2的《配方作业指导书》，其上盖有“管制文件”的印章；

附件9：三水市博德精工建材有限公司与惠阳隆光陶瓷原料有限公司于2003年9月29日签订的工矿产品购销合同；

附件10：惠阳隆光陶瓷原料有限公司的销售发票。

请求人认为，附件3中产品SD—2、SD—3的配方作业指导书公开了该专利权利要求1的原料组成及其配比，因此该专利权利要求1不具备新颖性。附件3除构成出版物公开外，附件3与附件9、附件10能够构成证据链，证明该专利权利要求1的技术方案由于球土的销售而构成使用公开。

合议组经审查认为，附件3并不能构成该专利的现有技术。首先，附件3中隆光陶瓷原料有限公司的配方作业指导书只是企业内部发行的文件，且该文件上盖有管制文件的印章，表明该文件是要求保密的，根据《审查指南2006》第二部分第三章2.1.3.1节的相关规定，其不属于专利法意义上的公开出版物。且请求人也没有证据证明ISO质量体系认证中有相关规定，配方作业指导书作为企业内部文件是应该对产品使用者公开的，因此附件3不构成出版物公开。其次，虽然附件3能够证明隆光陶瓷原料有限公司制造SD—2和SD—3球土的事实，但是该制造行为并不必然地导致相关的技术被公开。根据商业习惯，通常企业的生产活动属于企业内部的行为，企业外部的人员一般并不能随意了解到企业内部的生产活动情况。所以，仅仅以某企业生产制造了某种产品这一事实通常并不能证明该生产过程是公开的。本案中，请求人并没有证据表明该企业生产 SD—2 和 SD—3 球土的过程是公开的，因此也就无法证明相关的技术内容处于公众想得知就能够得知的状态，即附件 3 也不能证明依据该企业所进行的生产行为构成使用公开。

关于附件 3、附件 9 以及附件 10 形成的证据链，合议组认为，首先，附件 3 本身并不能构成该专利的现有技术，同时也不能证明其中生产 SD—2 以及 SD—3 球土的配方被公开。其次，附件 10、附件 9 以及附件 3 构成的证据链所能够证明的只是 SD—2 以及 SD—3 球土在该专利的申请日前发生过销售行为，而一种化学产品的销售行为并不必然导致生产该产品的配方能够被公众所知。涉案专利要求保护的技术方案是生产一种化学产品的配方，其中陶瓷原料球土中的高岭土、二次粘土均为自然界的混合物，其主要成分均为二氧化硅和三氧化二铝，客户在购买了该球土产品之后，在不知道具体生产原料的前提下，通过现有的测量方法只能反向分析出分子级的如二氧化硅、三氧化二铝等成分的含量，而不可能分析出这些有效成分的来源和比例。附件 3 和附件 9、附件 10 不能形成一个完整的证据链，证明生产 SD—2 及 SD—3 产品的配方在该专利申请日前被公开，构成现有技术。

据此，请求人提出的否定该专利权利要求 1 新颖性的主张均不能成立。

【案例评析】

本案涉及判断化学产品的制造和销售是否会导致其组分配方被公开的问题。

《专利法》第 22 条第 1 款和第 2 款规定，授予专利权的发明应当具备新颖性，新颖性是指在申请日以前没有同样的发明或者实用新型在国内外出版物上公开发表过、在国内公开使用过或者以其他方式为公众所知，也没有同样的发明或者实用新型由他人向国务院专利行政部门提出过申请并记载在申请日以后公布的专利申请文件中。

根据上述规定，如果对比文件是要求保密的企业内部文件，在没有证据表明有人违反保密规定而将该内部文件公开的情况下，其不属于专利法意义上的公开出版物。另外，一种化学产品的销售行为并不必然导致生产该产品的配方能够被公众所知，典型的如可口可乐，其已经公开销售多年，但其配方仍然是商业秘密。如果一项权利要求所要求保护的技术方案为生产某化学产品的组合物，其中包含了多种主要成分相似的原料，且在配料中各原料的含量各不相同，则该化学产品的销售行为并不必然导致关于生产该化学产品的组合物的技术方案被公开，而需要判断购买了该产品的客户，在不知道其原料及配比的情况下，通过现有的测量方法能否从多种主要成分相似的原料中确定地选择出权利要求要求保护的组合物及相互间的配比关系。具体到本案，自然界中存在多种类似于高岭土、二次粘土等的陶瓷原料，其主要成分均为二氧化硅和三氧化二铝，而通过现有的测量方法只能反向分析出分子级的二氧化硅、三氧化二铝等主要成分的含量，无法确切知道这些主要成分究竟来自于何种原料以及各原料相互的比例关系，亦即一种化学产品被销售本身并不必然地导致生产该产品的配方就能够被公众所知，需要具体情况具体分析。

（撰稿人：郭建强）

第四节　涉及惯用手段直接替换的新颖性审查

【案例 5－7】专利复审委员会第 13250 号无效宣告请求审查决定简介

专利复审委员会于 2009 年 4 月 24 日作出第 13250 号无效宣告请求审查决定。该决定涉及申请日为 2007 年 1 月 23 日、授权公告日为 2008 年 1 月 2 日、名称为“电磁炉线圈盘”的第 200720066568.9 号实用新型专利。

该专利授权公告的权利要求 1 如下：

“1. 一种电磁炉线圈盘，包括漆包线绕制的线圈、至少三块软磁条和线盘支架，软磁条设在线盘支架内，其特征在于，软磁条是扇形或梯形的，线盘支架内设有和软磁条相应的容置空间；线圈设在线盘支架上；电流通过线圈产生交变磁力线，磁力线在电磁炉的锅具及软磁条形成电磁回路。”

第 13250 号决定以授权公告号为 CN2894189Y 的中国实用新型专利说明书作为评价涉案专利的对比文件，认为该专利权利要求 1 相对于该对比文件不具备新颖性。具体理由是：该对比文件公开了一种加热装置的线圈盘，包括线圈盘支架、铁芯磁条和加热线圈，线圈盘支架具有内壁和外壁，该内壁和外壁之间挖空设有若干槽，铁芯磁条置于相应的槽内，加热线圈用铜绞线顺时针或逆时针绕制并覆盖在铁芯磁条上，铁芯磁条的形状为扇形、梯形或三角形，铁芯磁条的数量为 6 个或 6 个以上。与涉案专利权利要求 1 相比，权利要求 1 限定线圈是漆包线，而对比文件的加热线圈是铜绞线。对此，合议组认为，铜线由于其良好的传热性能是电磁炉加热线圈常用的材质，而为了绝缘和安全，通常会将其涂上绝缘漆制成漆包线等形式后用作电磁炉线圈。也就是说，采用漆包线作为电磁炉的加热线圈是所属领域的惯用手段。因此，其不能为该专利权利要求1带来新颖性。

【案例评析】

新颖性的判断不能仅仅停留于文字上是否相同，关键还要判断技术方案是否实质相同，文字上存在差别并不表示技术方案实质上必然不同。如果发明或者实用新型专利申请的技术方案与对比文件的区别仅仅是所属技术领域惯用手段的直接置换，则该项发明或者实用新型专利申请不具备新颖性。所谓“所属技术领域的惯用手段”，是指所属技术领域的技术人员在解决某个技术问题时熟知和常用的、可以相互置换，且产生的技术效果预期相同的技术手段。本案中，虽然该专利采用了漆包线，对比文件采用的是铜绞线，但是对于所属技术领域的技术人员来说，铜线由于其良好的传热性能是电磁炉加热线圈常用的材质，而为了绝缘和安全，通常会将其涂上绝缘漆制成漆包线等形式后用作电磁炉线圈。也就是说，采用漆包线作为电磁炉的加热线圈是所属领域的惯用手段的直接置换，两者都是本领域熟知和常用的，其产生的技术效果也是可以预期的。因此，上述区别不能为该专利带来新颖性。

（撰稿人：王琳）

第五节　包含参数特征限定的产品权利要求的新颖性

【案例5-8】专利复审委员会200480021960.0号发明专利申请案复审通知书简介

专利复审委员会于2009年11月9日发出复审通知书。该通知书涉及申请日为2004年7月29日、名称为“具有高吸收能力和高结构特征的无定形二氧化硅颗粒”的第200480021960.0号发明专利申请。

驳回决定和复审通知书所涉及的权利要求1如下：

“1. 一种无定形二氧化硅颗粒，其中通过苯吸附等温线方法测得的气孔分布曲线的最大$\Delta Vp/\Delta Rp$值是$20mm^3/nm \cdot g^{-1}$或以上（其中Vp是气孔体积［mm^3/g］，Rp是气孔半径［nm］），$\Delta Vp/\Delta Rp$达到最大值时气孔峰值半径是20nm或以上到100nm或以下。”

复审请求人认为：（1）在实质审查阶段答复第一次审查意见通知书时提交的附件1（Degussa公司Sipernat 50S的资料）可以证明，所属技术领域的技术人员能够通过理化参数对对比文件 1 中的二氧化硅和该申请请求保护的二氧化硅进行比较，且两者不同。（2）权利要求 1 中限定的苯吸附等温线方法不是非常规方法，其中的参数也不是非常规参数；气孔分布曲线、气孔体积、气孔半径、气孔峰值半径均是本领域公知的常规参数，其能够对产品本身的结构进行限定。（3）对对比文件 1 的两个实施例进行了实验室实验，并提供了两个实验的二氧化硅的 pH 值、BET 表面积、DBP 吸收值数据，测定了苯吸附曲线，该曲线横坐标为 rp/nm，纵坐标为 δvp/δrp，该对比实验数据可以证明该申请的产品与对比文件 1 的产品不同。

经审查，专利复审委员会发出了复审通知书，该通知书认为：权利要求 1 请求保护一种无定形二氧化硅颗粒。对比文件 1 权利要求 1～4 均公开了具有特定 pH 值、BET 表面积、DBP 吸收值、堆积密度、ALPINE 筛残值的沉淀二氧化硅，该二氧化硅属于无定形二氧化硅。对比文件 1 没有公开二氧化硅的气孔分布曲线的最大 ΔVp/ΔRp 值以及 ΔVp/ΔRp 达到最大值时气孔峰值半径值，而是用其他性能、参数对产品进行了限定，所属技术领域的技术人员无法根据两者的性能、参数将权利要求 1 要求保护的产品与对比文件 1 的产品区分开，且复审请求人也未能提供充分证据证明权利要求 1 的产品与对比文件产品在结构和/或组成上不同，因此，推定权利要求 1 不具备《专利法》第 22 条第 2 款规定的新颖性。

关于复审请求人的意见，合议组认为：（1）从附件 1 中可见，Sipernat 50S 的 DBP 吸收值不在对比文件 1 产品的范围之内，筛后残值的测定标准也与对比文件 1 的测定标准不同，无法进行比较，因此，Sipernat 50S 与对比文件 1 的产品不是同样的产品，该附件不能证明能够将本案申请请求保护的产品与对比文件 1 的产品进行比较，也不能证明两者不同。（2）虽然苯吸附等温线方法和权利要求 1 中的参数是常规的方法和参数，且气孔分布曲线、气孔体积、气孔半径、气孔峰值半径等参数能够对产品本身的结构进行限定，但所属技术领域的技术人员根据上述参数无法将要求保护的产品与对比文件 1 的产品区分开，且复审请求人没有提供有力的证据以证明权利要求中包含所述性能、参数特征的产品与对比文件 1 的产品在结构和/或组成上不同。（3）对比文件 1 的产品除 pH 值、BET 表面积、DBP 吸收值之外，还必需满足特定的堆积密度、ALPINE 筛残值。复审请求人对对比文件 1 的两个实施例进行了实验室实验，根据复审请求人提供的实验数据，其提供的二氧化硅的 pH 值、BET 表面积、DBP 吸收值数据与对比文件 1 实施例 1～6 中的任一产品均不相吻合，故不能确定其属于对比文件 1 实施例中的产品。因此，复审请求人的对比试验不足以证明权利要求 1 中包含性能、参数特征的产品与对比文件 1 的产品在结构和/或组成上不同。故合议组对复审请求人的主张不予支持。

该复审通知书发出后复审请求人逾期未答复，视为撤回。

【案例评析】

该案主要涉及如何判断用参数特征表征的产品的新颖性，以及对比实验在用参数表征的产品的新颖性判断中的作用。

关于用参数特征表征的产品的新颖性，《审查指南 2006》第二部分第三章第 3.2.5 节规定："对于这类权利要求，应当考虑权利要求中的性能、参数特征是否隐含了要求保护的产品具有某种特定结构和/或组成。如果该性能、参数隐含了要求保护的产品具有区别于对比文件产品的结构和/或组成，则该权利要求具备新颖性；相反，如果所属技术领域的技术人员根据该性能、参数无法将要求保护的产品与对比文件产品区分开，则可推定要求保护的产品与对比文件产品相同，因此申请的权利要求不具备新颖性，除非申请人能够根据申请文件或现有技术证明权利要求中包含性能、参数特征的产品与对比文件产品在结构和/或组成上不同。"

判断用参数特征表征的产品权利要求是否具备新颖性的关键在于，确定权利要求中的参数特征是否隐含了产品的特定结构和/或组成。审查实践中常从以下几方面考虑：

一是当对比文件没有公开一项产品权利要求所述参数特征，或者对比文件中公开的参数特征不同于产品权利要求所述参数特征时，可依据该申请和对比文件中公开的内容，如组成、起始原料、制备方法、最终效果等，结合本领域技术人员的普通技术知识，通过合理的逻辑分析以使两者可进行比较。如果参数特征确实使产品具有区别于对比文件产品的结构和/或组成，则该权利要求具备新颖性。

二是如果难以判断性能、参数、用途或制备方法等特征是否使产品具有区别于对比文件产品的结构和/或组成时，则推定权利要求不具备新颖性。这种情形下，申请人往往通过提供对比试验数据证明两者在结构和/或组成上不同。此时，应当考查对比试验中所使用的产品与专利申请或对比文件中的产品是否一致，否则将由于测试产品的不确定性，而导致对比试验的数据无法起到相应的证明作用。

（撰稿人：张艳）

第六节　进口行为导致的使用公开

【案例5-9】专利复审委员会第13130号无效宣告请求审查决定简介

专利复审委员会于2009年3月24日作出第13130号无效宣告请求审查决定。该决定涉及申请日为1997年6月27日、授权公告日为2002年8月28日、名称为“沥青路面加热再生修补设备”的第97107021.0号发明专利。

请求人提交包括侵权判定法院制作的谈话笔录、调取的证据、现场勘验记录、进口机动车检验证明、公司证言等近30份证据，证明涉案专利由于进口行为而导致使用公开，从而不具备新颖性和创造性。其中的部分证据如下：

附件1-2：南京市中级人民法院向吉林省高速公路管理局的苑剑光调查的谈话笔录；

附件1-3：附件1-2中提到的中华人民共和国吉林进出口商品检验局进口机动车检验证明；

附件1-7：南京市中级人民法院向吉林省高速公路管理局长吉管理处的王喜峰调查的谈话笔录；

附件2-2-2：中华人民共和国吉林省长春市国安公证处出具的（2007）吉长国安证民字第5316号公证书，内附PM-400-48-TRK黑色路面养护（修补）车档案材料2（随车的零件手册）；

附件3：（2007）宁民三初第304号案件的涉案照片。

合议组经审查后认为，涉案专利申请日前国内公开使用的事实存在。具体理由如下：

附件1-2、附件1-7是南京市中级人民法院进行的谈话笔录，附件1-2证明附件1-3是法院从吉林省高速公路管理局调取的证据；附件1-3是吉林进出口商品检验局进口机动车检验证明，记载了使用单位为吉林省高速公路公司、车辆名称为福特黑色路面养护车、底盘（车架）号为22886、签证日期1996年4月10日，其可以证明吉林省高速公路公司在1996年4月10日进口了一台福特黑色路面养护车；附件1-7谈话笔录中可以说明附件3的勘验现场是吉林省高速公路管理局长吉管理处，其中附件3第19张照片上记载的“SERIAL NO 22886”是设备序列号，其中的“22886”与附件1-3上记载的“底盘（车架）号22886”中的“22886”一致。

附件1-3是从吉林省高速公路管理局调取的证据，其记载的使用单位是吉林省高速公路公司，附件 3 是在吉林省高速公路管理局长吉管理处进行的现场勘验，而专利权人认为吉林省高速公路公司和吉林省高速公路管理局不是改制关系，法院进行笔录时吉林省高速公路管理局已经不存在，应是吉林省高速公路工程有限公司，是由吉林省高速公路管理局改制的。合议组认为，上述主张不能否定法院对上述单位进行证据调取和现场勘验的事实、吉林省高速公路公司于 1996 年 4 月 10 日进口了一台路面养护车的事实以及该车与附件 3 所勘验的设备底盘应为同一台的事实。

此外，专利权人认为附件 3 的“22886”仅是设备的编号，不是附件 1－3 所称的底盘（车架）号。对此，合议组认为，本领域技术人员知道底盘（车架）号是车骨架的生产号码，相当于身份证的号码，每个号码是唯一的，在其他车辆上出现同样的编号可能性很小，因此，在没有其他证据证明这种可能性的前提下，考虑到附件 1－3 是法院从附件 3 所勘验单位的上级单位提取的证据，附件 1－3 所指的福特黑色路面养护车与附件 3 中所拍照片应是同一辆车，故附件 1－2、附件 1－3、附件 1－7、附件 3 形成的证据链可以证明在申请日之前有附件 3 所拍的福特黑色路面养护车被进口到国内并在国内公开使用过。

【案例评析】

由于使用而导致技术方案的公开或导致技术方案处于公众可以得知的状态，这种公开方式称为使用公开。由于使用公开而导致专利不具有新颖性和创造性是无效程序中经常涉及的无效理由，但是常常因为无效宣告请求人提供的证据或者形式不完备，或者缺少完整的证据链中的某一环，而不具备足够的证明力。本案中，请求人提交了近 30 份证据，其中包括侵权判定法院制作的谈话笔录、调取的证据、现场勘验记录、进口机动车检验证明、公司证言、产品使用手册等，证据数量和形式复杂，增加了使用公开判定的难度。

合议组对上述证据进行逐一质证，并对重要事实给予确认，排除证明力不足的证据，之后详细分析能组成完整证据链的 7 份证据，包括法院的谈话笔录、现场勘验、进口机动车检验证明及随车零件手册，以事实存在合理性而排除极小可能为基础，认可公开使用事实的存在，为法院侵权判定提供了基础。具体为：

首先，专利权人以各附件之间存在主体不一致现象为由主张使用公开的事实不成立。合议组考虑了各主体之间在单位名称、单位成立时间以及相互间的关系后，认为专利权人的上述主张缺乏证据支持，并且这种主体上的不一致不能否定法院对上述单位进行证据调取和现场勘验的事实、吉林省高速公路公司于1996年4月10日进口了一台路面养护车的事实以及该车与附件3所勘验的设备应为同一台的事实（底盘（车架）号相同，均为22886）。

其次，专利权人认为附件3的“22886”仅是设备的编号不是附件1－3所称的底盘（车架）号。对此，决定中认为，底盘（车架）号是车骨架的生产号码，在其他车辆上出现同样的编号可能性很小，在没有其他证据证明这种可能性的前提下，认可法院提取的证据的证明力，附件1－3所指的福特黑色路面养护车与附件3中所拍照片应是同一辆车，故附件1－2、附件1－3、附件1－7、附件3形成的证据链可以证明，在申请日之前有附件3所拍的福特黑色路面养护车被进口到国内并在国内公开使用过的事实，并且上述进口和使用导致该车辆处于任何人想得知就能得知的状态。

最后，虽然随车零件手册像产品目录或宣传册等证据一样，在没有其他证据佐证的情况下，很难判断是否属于专利法意义上的公开，也难于确定其公开日，但在本案中，请求人对附件2－2－2即随车零件手册进行了公证，且专利权人认可其真实性，决定中以附件2－2－2与附件3第19张照片记载了相同设备型号PM 400－48－TRK为基础，认定附件2－2－2是附件3设备的随车零件手册，由此附件2－2－2作为证明产品的具体结构的佐证，避开了对其公开性的认定。

（撰稿人：樊延霞）

第六章　创造性的判断

《专利法》第 22 条第 1 款规定了授予专利权的发明和实用新型应当具备新颖性、创造性和实用性，创造性是这三个授予专利权的条件中最为重要的条件之一。《专利法》第 22 条第 3 款规定了授予发明和实用新型专利的创造性条件，其对创造性提出了两方面的要求：对发明而言是指具有突出的实质性特点和显著的进步；对实用新型而言是指具有实质性特点和进步。

在审查实践中，发明取得“显著的进步”，实用新型取得“进步”，一般情况下很容易满足要求，故对发明或实用新型是否具备创造性的判断重点和难点通常是判断该发明是否具有“突出的实质性特点”，或该实用新型是否具有“实质性特点”。

《审查指南 2006》对“突出的实质性特点”作出如下解释：发明有突出的实质性特点，是指对所属技术领域的技术人员来说，发明相对于现有技术是非显而易见的。为了统一审查标准和审查思路，尽量避免审查员主观因素，《审查指南 2006》中将欧洲专利局“问题—方案”（problem and solution approach）的判断方法演化为如下的“三步法”。

（1）确定最接近的现有技术

最接近的现有技术，是指现有技术中与要求保护的发明最密切相关的一个技术方案，它是判断发明是否具有突出的实质性特点的基础。

（2）确定发明的区别特征和发明实际解决的技术问题

区别特征是指要求保护的发明或实用新型不同于最接近的现有技术的技术特征。区别特征的确定是一种事实认定，包括对于要求保护范围的客观认定以及对于现有技术公开技术方案的客观认定。发明实际解决的技术问题是根据区别特征所能达到的技术效果确定的，是审查员基于最接近的现有技术重新确定的技术问题，是本领域技术人员能否得到技术启示判断的基础。在确定技术方案实际解决的技术问题时，应考虑本领域技术人员基于申请日之前所掌握的知识，将区别技术特征放入要求保护的整个技术方案中来确定其实际解决的问题，而不应仅着眼于单个技术特征的分析。本章第一部分将通过案例分别对该步骤进行深入阐释。

（3）判断要求保护的发明对本领域的技术人员来说是否显而易见

在“是否显而易见”的判断过程中，要确定现有技术整体上是否存在某种技术启示，即现有技术中是否给出将上述区别特征应用到该最接近的现有技术以解决其存在的技术问题（即发明实际解决的技术问题）的启示。这种启示会使本领域的技术人员在面对所述技术问题时，有动机改进该最接近的现有技术并获得要求保护的发明。如果现有技术存在这种技术启示，则发明是显而易见的，不具有突出的实质性特点。

《审查指南 2006》中给出通常认为现有技术中存在技术启示的三种情况：

（i）所述区别特征为公知常识；

（ii）所述区别特征为与最接近的现有技术相关的技术手段；

（iii）所述区别特征为另一份对比文件中披露的相关技术手段。

上述技术启示的判断均是基于区别特征被公开（或为公知常识）且与现有技术的作用相同给出的。但是在实际判断时，现有技术公开了区别特征不必然存在技术启示，现有技术没有公开区别特征也不必然不存在技术启示。比如对比文件中公开了与区别特征不同、但具有相同或类似作用的技术特征，将其应用于最接近的现有技术中获得发明且可以预期其效果；反之，对比文件公开了区别特征，但是因该对比文件的其他部分对最接近的现有技术中已经公开的技术特征给出了与该申请相反的教导，通常认为不存在技术启示。此外，判断某一特征是否属于公知常识时，最为重要的是在确定发明实际解决的技术问题后，从本领域技术人员的角度，判断现有技术中是否存在为解决该实际要解决的技术问题而采用了与本发明相同或相近的技术手段，并且其已经构成了所属技术领域的公知公用的技术。本章第二部分将通过案例分别对该步骤进行深入阐释。

为了保证实际审查中对于创造性判断的客观性，《审查指南 2006》中根据对现有技术作出贡献的特点不同，给出了几种不同类型发明的创造性判断举例说明，其实质是将上述创造性的判断方法运用到不同类型的发明创造。例如，要素关系改变的发明，其特点是发明与现有技术的区别在于形状、尺寸、比例、位置及作用关系等发生了变化，判断的要点在于关系改变带来的技术效果是否可预料；要素替代的发明，其特点是发明与现有技术的区别在于已知产品或方法的某一要素由其他已知要素替代，判断的要点在于这种已知产品的替代带来的效果是否可预料；转用发明，其特点是发明与现有技术的区别在于将某一技术领域的现有技术转用到其他技术领域，判断的要点在于转用是否需要克服技术上的困难，是否产生预料不到的技术效果。本章第三部分通过案例对上述判断方法进行深入阐释。

从《专利法》第22条第3款对发明和实用新型创造性条件规定的不同可以看出，实用新型的创造性标准应当低于发明。对此《审查指南2006》给出了明确的规定，两者在创造性判断标准上的不同主要体现在现有技术中是否存在“技术启示”。本章第四部分将通过两个案例分别从现有技术的领域和现有技术的数量两个方面深入探讨二者的区别。

第一节　区别技术特征的认定

【案例6-1】专利复审委员会第27032号复审请求审查决定简介

专利复审委员会于2010年10月11日作出第27032号复审请求审查决定。该决定涉及申请日为2002年3月6日、优先权日为2001年3月9日、公开日为2004年5月12日、名称为“印刷纸制作方法和设备”的第02806280.9号发明专利申请。

驳回决定针对的权利要求11为：

“11. 一种按照刮刀涂布工艺制作涂布印刷纸的设备，纸幅的至少一个侧面受涂布，纸幅在涂布工段后设有一用来干燥该纸的干燥器，该干燥器用热空气或过热蒸汽或红外线辐射或它们的组合干燥纸幅，其特征在于，所述干燥器设置在紧挨该涂布工段的后面；在所述干燥器中对纸进行干燥至少直到涂层在该干燥区中达到其固化点，在该干燥器之后涂层的干料含量至少为73%。”

驳回决定认为：权利要求11相对于申请日前公开的对比文件1（EP0853159A1）和公知常识的结合不具备创造性。

复审请求人不服驳回决定，向专利复审委员会提出复审请求，但未对申请文件进行修改。复审请求人认为：对比文件1没有披露独立权利要求11中的“所述干燥器设置在紧挨涂布工段的后面，在所述干燥器中对纸进行连续干燥至少直到涂层在该干燥器区域中达到其固化点”；对比文件1不能解决该发明所克服的“在纸的方向上非常缓慢和非同时干燥”这样的技术问题，因此权利要求11具备创造性。

针对该复审请求，专利复审委员会发出复审通知书指出，权利要求11与对比文件1的区别在于权利要求11限定了“在干燥器之后涂层的干料含量至少为73%”，而所属领域的技术人员有动机对经过涂布工序后的纸张进行充分干燥，73%的干料含量是本领域的技术人员根据纸张最终性能的需要通过有限次的实验可以获得的，因此权利要求11的技术方案对所属领域的技术人员来说是显而易见的，不具备创造性。

针对复审通知书，复审请求人修改了权利要求书，在权利要求11中“所述干燥器设置在紧挨涂布工段的后面”之后增加技术特征“以蒸发涂层中的水分”。复审请求人认为：“蒸发涂层中的水分”这一技术特征没有被对比文件1公开。

在上述工作的基础上，专利复审委员会作出复审审查决定，以权利要求11相对于对比文件1不具备创造性，不符合《专利法》第22条第3款的规定为由维持驳回决定。关于权利要求11中区别技术特征的认定，复审审查决定认为：对比文件1公开了一种涂布纸的方法，该方法使用刮刀涂布机，为了使涂布在纸面上的颜料迅速固化，在紧挨涂布装置的位置设置加热器（例如红外辐射器）。同时，对比文件1中记载了“可以改造干燥设备以将本发明中的加热器和干燥部分中的加热器结合起来，例如将后者（即干燥部分中的加热器）紧挨着涂布机设置。这样，本发明中在涂布涂料后提高涂料温度的步骤可以作为干燥步骤的主要部分来执行”。由此可见，对比文件1中的“加热”和“干燥”即为同一个步骤，对比文件1中用于对涂料加热的加热器等同于权利要求11中用于干燥纸张的干燥器。

由此可见，对比文件1中的加热器同样执行了“干燥步骤”，也具有使纸面上涂布的颜料干燥，即蒸发颜料中水分的作用。在此基础上，复审决定认定权利要求11与对比文件1的区别仅在于“在该干燥器之后涂层的干料含量至少为73%”，不具备创造性。

【案例评析】

对权利要求新颖性、创造性的评价必须以正确的事实认定为基础。这里的事实认定包括对于该申请权利要求技术方案的认定以及对于现有技术公开技术方案的认定。

本案中，对于事实认定的争议之一在于涉案申请权利要求中的“干燥器”是否被对比文件1中的“加热器”所公开。对于“干燥器”，权利要求分别从设置位置（“设置在紧挨该涂布工段的后面”）、具体形式（“热空气或过热蒸汽或红外线辐射或它们的组合”）、作用（“干燥该纸”“蒸发涂层中的水分”）三个方面进行了限定，因此，对“干燥器”是否被“加热器”所公开的判断即转化为考查对比文件1中“加热器”是否符合上述三个方面的限定。根据对比文件1的记载：加热器紧挨涂布装置的位置设置，其具体形式包括红外辐射器，并且“可以改造干燥设备以将本发明中的加热器和干燥部分中的加热器结合起来，例如将后者（即干燥部分中的加热器）紧挨着涂布机设置。这样，本发明中在涂布涂料后提高涂料温度的步骤可以作为干燥步骤的主要部分来执行”，换言之，在上述情形下，对比文件1中的“加热器”执行的是干燥步骤，其作用就是干燥纸张——“使涂布在纸面上的颜料迅速固化”。此外，在干燥器的具体形式相同（均为红外辐射式）的情况下，水分干燥的原理也应当是相同的，因此涂层中的水分被“蒸发”去除也就不能对权利要求中的“干燥器”本身产生影响。由此可见，对比文件1中“加热器”的设置位置、具体形式和作用均与权利要求所限定的“干燥器”相同。因此，虽然二者的名称不同，但该申请权利要求11中的“干燥器”已经被对比文件1的“加热器”公开。根据上述判断，本案中权利要求的区别技术特征最终被认定为“在该干燥器之后涂层的干料含量至少为73%”。

由本案可以看出，在技术方案的对比过程中，技术术语的不同并不代表技术内容一定不同或技术特征未被公开；同样，名称相同的技术术语也未必代表相同的技术内容。这要从两者的功能、效果、设置方式及实现方式等多个方面进行考查。

（撰稿人：陈晓亮）

第二节　技术启示的判断

【案例6－2】专利复审委员会第14905号无效宣告请求审查决定简介

专利复审委员会于2010年6月1日作出第14905号无效宣告审查决定。该决定涉及申请日为2008年5月29日、授权公告日为2009年3月18日、名称为“一种长寿命门把锁”的第200820110537.3号的实用新型专利。

该专利授权公告的权利要求1如下：

“1. 一种长寿命门把锁，其构成包括面板（1）、执手（2）、止转片（4）、扭簧（6）、转片（5）、锁体、锁舌，执手带动转片转动，转片又通过锁体带动锁舌运动，止转片与转片配合以控制其旋转的角度，其特征在于面板上设有一执手孔，执手孔的孔壁纵向深度大于面板的厚度2倍以上，执手穿过面板上的执手孔与转片配合。”（见图6－1）

该专利说明书第2～3页记载：由于采用该专利的方案，在使用时：①由于止转片上的翻边孔协同面板作用加深孔壁的作用，使执手与面板之间的接触面大大增加，因而不仅提高了使用寿命，而且大大减少了执手径向晃动，提高了执手稳定性。②旋转片上的四个凸出部分卡在执手上，一方面可避免转片与执手之间的松动，另一方面还可避免由于用力过猛而引起的损坏。面板1上开有与止转片4上的翻边孔10相应的执手孔，执手孔可以通过翻边孔使得执手孔的孔壁纵向深度大于面板的厚度2倍以上。

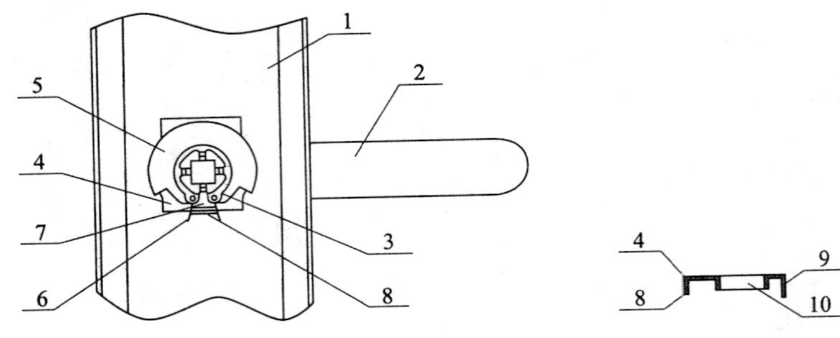

图 6-1 该专利附图

1. 面板；2. 执手；3. 卡簧；4. 止转片；5. 转片；
6. 扭簧；7. 凸部；8. 凸部；9. 凸部；10. 翻边孔。

针对该专利，请求人向专利复审委员会提出无效宣告请求，分别以申请日前公开的附件1、附件2或附件3作为最接近的现有技术，认为权利要求1相对于附件1，附件2和附件1或附件3的结合，附件3和附件2、附件1或公知常识的结合不具备创造性；其中公知常识的主张是指权利要求1中各部件的连接关系属于公知常识。请求人提交的三份证据如下：

附件1：授权公告日为2008年3月5日、授权公告号为CN201031525Y的中国实用新型专利说明书；

附件2：授权公告日为1999年6月23日、授权公告号为CN2325467Y的中国实用新型专利说明书；

附件3：授权公告日为1992年9月23日、授权公告号为CN2116737U的中国实用新型专利说明书。

审查决定认为：附件1～3均未公开权利要求1中的"持手孔的纵向深度大于面板的厚度2倍以上"这一特征，上述区别特征所要解决的是如何延长门把手的寿命从而减少由于门把手长期使用后执手变松而导致门把锁失效或报废的技术问题；附件1涉及电器柜挂锁门把手，根据附件1说明书的记载，电器柜的门把手常因长时间不用而锈死无法开启，这表明附件1中的门把手通常开启的次数非常少，因而不会出现门把锁长期使用后执手变松而导致门把锁失效或报废的技术问题，故附件1中不存在用"设置执手孔的纵向深度大于面板厚度2倍以上"来解决"门把锁长期使用后执手变松而导致门把锁失效或报废"这一技术问题的技术启示。附件2的目的是设计一种便于加工和更换零件的插心执手门锁护板把手，其中的卡簧8的作用是将护板上的卡固件与把手连接柱2卡紧，垫片9设置在把手连接柱2与护板1之间，本领域技术人员均知道垫片通常的作用为密封、增大承力面积、防止零件表面被磨损，而为了达到上述功能，其厚度通常较小，因此本领域技术人员由附件 2 不容易想到将其增厚，即附件 2 中不存在将护板的孔壁被纵向加深到大于护板厚度的 2 倍以上来解决“门把锁长期使用后执手变松而导致门把锁失效或报废”这一技术问题的技术启示。附件 3 是提供一种使用顺畅旋转的把手锁，耐久使用，无手把卡止、松脱现象，其通过转盘周缘预定位置垂直设置两个对称呈区型的止挡部来实现上述技术效果，未对执手孔纵向深度设置进行记载，也不存在将执手孔的纵向深度设置为大于面板的厚度 2 倍以上的技术启示。

综上所述，附件 1～3 均未公开该专利权利要求 1 中的“持手孔的纵向深度大于面板的厚度 2 倍以上”这一特征，也未提供进行上述设置的技术启示，故权利要求 1 相对于附件 1～3 单独或结合均具备实质性特点，且权利要求 1 的技术方案具有提高执手使用寿命，提高稳定性等技术效果，因此，权利要求 1 具备创造性，符合《专利法》第 22 条第 3 款的规定。

【案例评析】

本案的焦点是：现有技术中所解决的技术问题和所采用的技术手段对判断技术启示的作用。

通常情况下，创造性的难点在于第三步，即确定现有技术整体上是否存在某种技术启示，促使所属领域的技术人员在面对所述技术问题时，改进该最接近现有技术并获得要求保护的发明，其侧重的是对于具体技术手段的应用是否存在技术启示。本案涉及对比文件是否给出技术启示的判断。所谓技术启示是指：基于现有技术是否能够发现技术问题，进而在现有技术中是否能够容易地找到解决该技术问题的与该专利相同的技术手段。也就是说，首先是能够想到问题所在，然后是采取了相同的技术手段，两者缺一不可。

本案中，涉案专利要解决的技术问题是延长门把锁的使用寿命，具体的解决手段是通过止转片 4 的翻边 5 来纵向增大执手孔的深度，起到增大执手与执手孔的接触面，最终达到延长使用寿命的目的。附件 1 是通过在手芯轴与把手套之间装“O”形密封圈，起到密封防止进水等作用。附件 2 是通过组件的方式来解决现有技术中护板与把手固定连接不利更换零部件的问题。虽然附件 1 和附件 2 均未明确提及解决执手松动的问题，但是，由于执手长期使用后会出现松动已经是所属领域的技术人员通常会面临的问题，因此所属领域的技术人员基于附件 1 和附件 2 还是能够提出解决执手松动的问题。接下来还需要进一步分析针对执手松动的问题是否容易想到相应的解决手段。

附件 3 通过在转盘周缘预定位置垂直设置两个对称呈区型的止挡部来实现组装方便、旋转顺畅、耐久使用、无手把卡、松脱等现象。其中虽然提到了手把松脱等现象，但其主要是通过转盘上止挡部的设置来解决组装方便的问题，手把卡、松脱等问题只是由于上述结构改变使得旋转更顺畅带来的附加效果。前面提到，在带有执手的锁具领域中，手把（或执手）的松动是一个较为常见的问题，引起上述问题的原因很多，附件3主要是认为现有技术中卡口设置导致手把旋转不顺畅、磨损加大，而涉案专利则是认为由于执手和执手孔的接触面太小。基于对造成手把松动原因的认识不同，附件3与该专利解决这一技术问题的技术手段也就完全不同，因此，附件3虽然提及了上述技术方案具有防止手把松动的技术效果，但仍然不存在采用该专利中增大执手孔纵向深度来解决执手松动问题的技术启示。

（撰稿人：官墨蓝）

【案例6-3】专利复审委员会第11974号无效宣告请求审查决定简介

专利复审委员会于2008年7月8日作出第11974号无效宣告请求审查决定。该决定涉及的是申请日为2001年2月28日、名称为“具有卡合固定结构的高架地板支架”的第01210867.7号实用新型专利。

该专利授权公告的权利要求1为：

“1. 一种具有卡合固定结构的高架地板支架，其特征在于，包括：

一支架本体，其上设有一螺孔；

一管盖，其设置在上述支架本体顶部，该管盖上环设有一卡合槽；以及

一固定螺栓，其螺接在上述支架本体的螺孔上，该固定螺栓前端配合在上述管盖的卡合槽中。”（见图6-2）

在无效宣告程序中，请求人认为该专利权利要求1相对于附件3不具备创造性，不符合《专利法》第22条第3款的规定。请求人提交的附件3如下：

附件3：公告日为1990年5月8日的美国专利文献US4922670及其中文译文。

经审查，附件3公开了一种双层地板结构（见图6-3），基座16具有方形基座盘16a，基座盘16a具有带螺纹构件16b，其通过例如焊接的方式牢固地固定到基座盘16a上，带螺纹构件16b具有从所述基座盘16a向上突伸的外螺纹部分16c，一高度调节螺帽16d旋拧在所述外螺纹部分16c上，所述高度调节螺帽16d在其外周表面上形成环形凹槽16f，柱状腿构件17可转动地支承在基座16上，柱状腿构件17为圆筒构件17a，螺帽18例如通过焊接的方式牢固地固定到圆筒构件17a的下端部分上，螺栓19旋拧入螺帽18中而防止螺帽18与圆筒构件17a相分离，通过使螺栓19的远端部进入布置在高度调节螺帽16d外周中的环形凹槽16f中而防止柱状腿构件17与基座16相脱离。

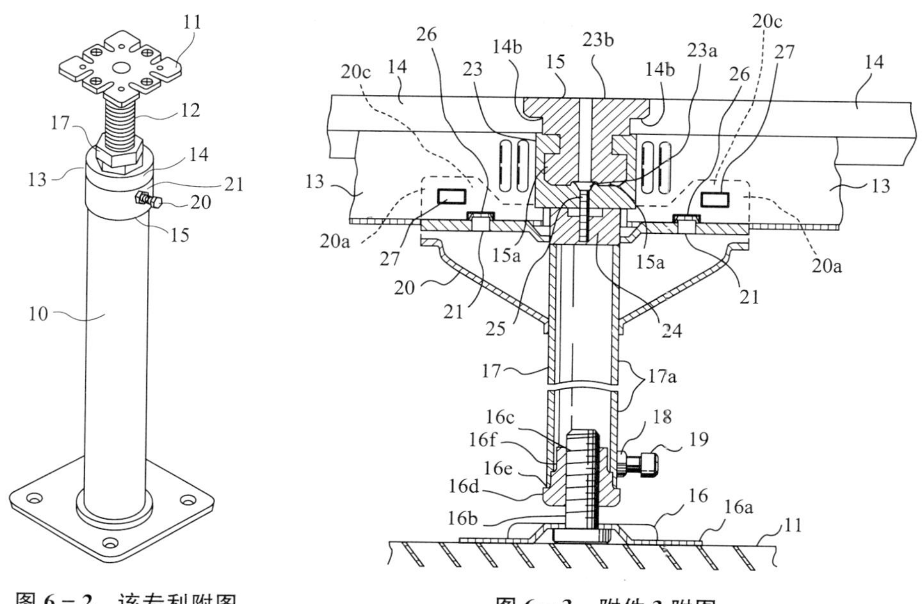

图 6－2　该专利附图　　　　**图 6－3　附件 3 附图**

审查决定认为，附件 3 中的高度调节螺帽 16d 与该专利权利要求 1 中的管盖相比，其设置位置及所起作用均不相同，附件 3 中的高度调节螺帽 16d 不同于权利要求 1 中的管盖，可见，该专利权利要求 1 与附件 3 相比，附件 3 中并没有公开该专利权利要求 1 中的特征“一管盖，其设置在上述支架本体顶部，该管盖上环设有一卡合槽；以及一固定螺栓，其螺接在上述支架本体的螺孔上，该固定螺栓前端配合在上述管盖的卡合槽中”。并且，附件 3 中通过在高度调节螺帽 16d 上设置环形凹槽 16f，将螺栓 19 的前端布置在环形凹槽 16f 中，起到防止柱状腿构件 17 与基座 16 脱离的作用，其也不同于该专利权利要求 1 中在管盖上设置卡合槽，将固定螺栓前端配合在卡合槽中，以起到使管盖不会产生沿支架本体轴向的位移，管盖与支架本体不会造成松动或分离的作用。此外，该专利权利要求 1 由于采用了上述区别技术特征，取得了耐震能力较佳的有益效果。因此，附件 3 中并没有公开该专利权利要求 1 中的上述区别技术特征，请求人关于该专利权利要求 1 相对于附件 3 不具备创造性的主张不成立。

【案例评析】

本案的焦点是：部件的设置位置及其作用对技术启示判断的影响。

在权利要求创造性的判断中，我们所要判断的是基于现有技术是否能够发现技术问题，进而在现有技术中是否能够容易地找到解决该技术问题的与该专利相同的技术手段。也就是说，首先是能够想到问题所在，然后是采取了相同的技术手段，两者缺一不可。

本案中，附件 3 公开的在柱状腿构件 17 底部的高度调节螺帽 16d 上设置有卡合在其上的螺栓 19，其结构和配合方式与涉案专利权利要求 1 中的固定螺栓和卡合槽相似。由此，在对比文件存在结构与配合方式均相似但设置位置不同的部件时，能否认为对比文件给出了技术启示就成为本案的争议焦点。合议组认为，根据所确定的区别技术特征，涉案专利权利要求 1 所要解决的技术问题是如何提高地板支架上部管盖的稳定性进而提高整个地板支架的稳定性。在附件 3 中，顶部件 24 被固定在柱状腿构件 17 上部，且其说明书中明确记载了可以通过焊接的方式将顶部件 24 固定在柱状腿构件 17 上。可见，由于附件 3 中的顶部件 24 是通过例如焊接的方式而牢固固定在柱状腿部件 17 上，其并不存在如何提高顶部件 24 稳定性的问题，从而附件 3 中的顶部件 24 上也就无需设置卡合槽及固定螺栓，也即附件 3 中由于采用焊接的固定连接方式，该方式使得顶部件 24 被稳定地固定在柱状腿部件 17 上，从而不存在为了获得比其更好的技术效果而对附件 3 中的上述固定方式进行改进的技术任务。由此，本领域技术人员基于附件 3 无法得出该专利权利要求 1 所要解决的技术问题。此外，附件 3 中的高度调节螺帽 16d 与该专利权利要求 1 中的管盖相比，其设置位置及所起作用均不相同，附件 3 中的高度调节螺帽 16d 不同于权利要求 1 中的管盖，从而附件 3 中并没有公开权利要求 1 中设置在支架本体顶部的“管盖”及设置在其上的“卡合槽”与“固定螺栓”。并且，附件 3 中通过在高度调节螺帽 16d 上设置环形凹槽 16f，将螺栓 19 的前端布置在环形凹槽 16f 中，起到防止柱状腿构件 17 与基座 16 脱离的作用，其也不同于该专利权利要求 1 中在管盖上设置卡合槽，将固定螺栓前端配合在卡合槽中，以起到使管盖不会产生沿支架本体轴向的位移，管盖与支架本体不会造成松动或分离的作用，解决了提高管盖稳定性的技术问题。因此，本案中本领域的技术人员不能从附件 3 中得到该专利所要解决的技术问题，在附件 3 中更不存在为了解决所述技术问题而采取的与该专利相同的技术手段，所以不能认为附件 3 给出了获得上述区别技术特征的技术启示。

（撰稿人：刘敏飞）

【案例 6-4】专利复审委员会第 14541 号无效宣告请求审查决定简介

专利复审委员会于 2010 年 3 月 4 日作出第 14541 号无效宣告请求审查决定。该决定涉及申请日为 2007 年 8 月 12 日、授权公告日为 2008 年 8 月 20 日、名称为“一种高效抽油烟机”的第 200720055660.5 号实用新型专利。

该专利授权公告的权利要求 1 如下：

“1. 一种高效抽油烟机，包括壳体（1），其特征在于在壳体（1）上装置有顶端向前倾斜的面板（2），在壳体（1）内设有内腔（11），内腔（11）中装有蜗壳风道（4），蜗壳风道（4）的顶端设有出风口（41），在蜗壳风道（4）中沿水平轴线方向安装有风机（7），在蜗壳风道（4）、风机（7）的前端连接有卡在面板（2）上的法兰扣（8），法兰扣（8）中装有过滤网（9），在面板（2）前端设有与面板（2）平行的导风板（3）；所述面板（2）与导风板（3）之间的间隙形成进风通道（18）。”（见图 6-4）

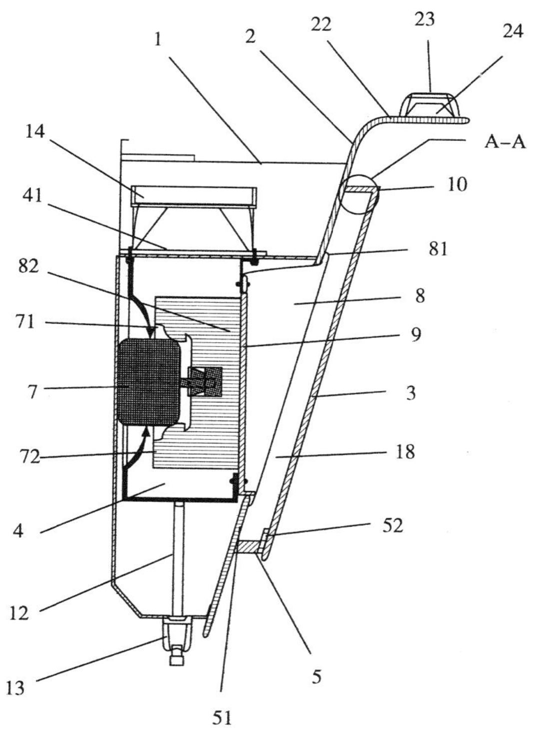

图 6-4　该专利附图

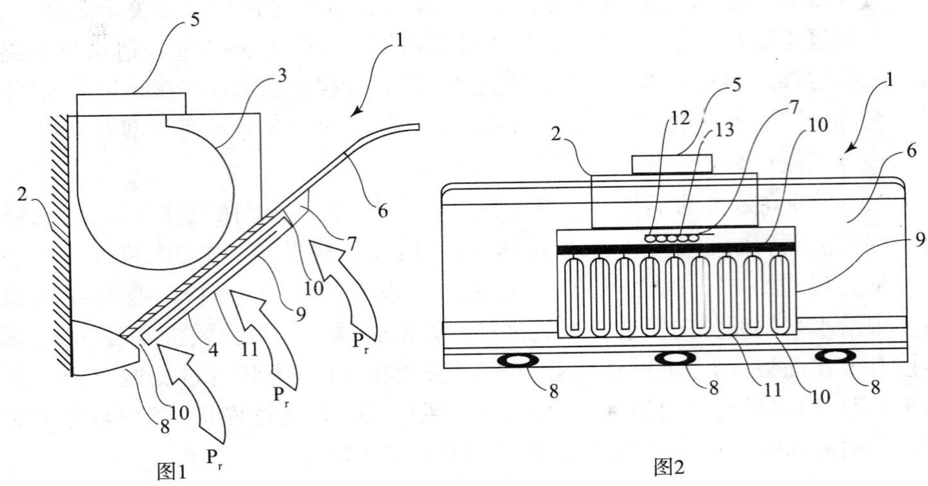

图 6－5　对比文件 1 附图

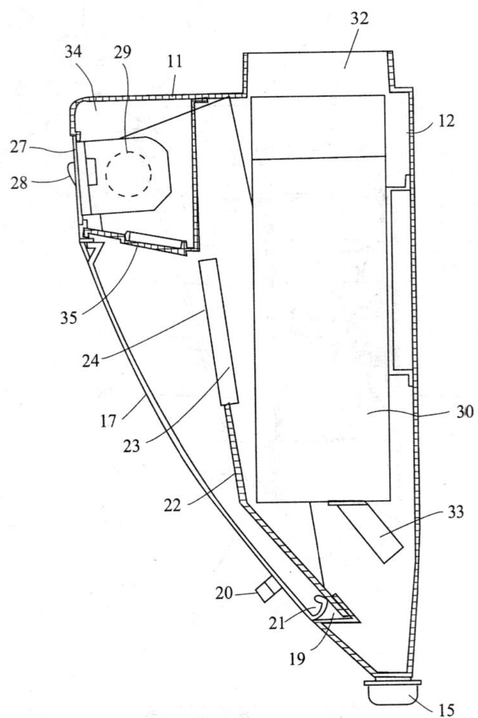

图 6－6　对比文件 2 附图

在无效宣告程序中，请求人认为，权利要求1与最接近的现有技术（对比文件1，见图6-5）相比，存在如下区别：对比文件1没有公开“过滤网是通过法兰扣安装在面板上”，虽然最接近的现有技术中没有公开法兰扣，但通过法兰扣安装零部件是本领域的公知常识。

专利权人认为：该专利的法兰扣不但可以用于安装滤网，还可以加固面板，请求人认为其是公知常识没有证据支持。

对此，合议组认为，经对比，权利要求1与对比文件1存在的区别特征为：对比文件1没有公开“在蜗壳风道、风机的前端连接有卡在面板上的法兰扣，法兰扣中装有过滤网”，其在权利要求1中所要解决的技术问题是提供一种安装过滤网的方法，并且通过限定其与其他部件之间的连接关系，即将该法兰扣的一端与蜗壳风道、风机的前端相连，另一端卡在面板上，在面板与蜗壳风道之间形成了一封闭的进风通道。由此既实现了在抽油烟机中固定过滤网，又可以使待清洁的油烟直接通过该通道进入蜗壳风道被排出，从而避免对内腔中其他部位造成污染。此外由于通过法兰扣将面板与蜗壳风道相连接，提高了面板的整体强度，还起到了加固面板的作用。虽然请求人主张通过法兰扣安装零部件是本领域的公知常识，但由于该专利的权利要求1中具体限定了法兰扣在抽油烟机中的安装位置以及与抽油烟机中其他部件的连接关系，并由此给该专利带来了上述的技术效果，这不是本领域技术人员能够显而易见得到的，并且也没有充分的理由说明或有证据表明法兰扣的这种连接关系是公知常识。因此请求人关于该申请权利要求1相对于对比文件1和公知常识的结合不具备《专利法》第22条第3款规定的创造性的理由不成立。

【案例评析】

无效宣告案件的双方当事人经常会就某一技术特征是否属于公知常识产生争议，而对此问题的判断有时会成为评价技术方案创造性的关键因素。

本案中，双方争议的焦点在于判断区别特征“在蜗壳风道、风机的前端连接有卡在面板上的法兰扣，法兰扣中装有过滤网”是否属于公知常识。对此，审查决定中采用了下列分析步骤。首先，根据区别特征重新确定发明实际解决的技术问题，由于本案专利中安装有过滤网的法兰扣一端固定在蜗壳风道、风机的前端，另一端卡在面板上，因此除了起到固定过滤网的作用，还起到减少污染和提高面板整体强度的作用，故该重新确定的技术问题是固定过滤网、提高整体性和降低污染。其次，考虑在抽油烟机领域中，在面对上述技术问题时，所属技术领域的技术人员通常会采取何种技术手段加以解决，这些技术手段是否相同，并且是否与区别特征一致，若不一致，则最后还需考虑所属技术领域的技术人员是否有动机对以上解决不同技术问题的技术手段重新进行组合、改进，从而得出区别特征，并且还应当考查这些所需的组合、改进是否是显而易见的，是否需要付出创造性的劳动。本案中，请求人主张采用法兰扣来固定过滤网属于公知常识，但是在抽油烟机领域，当需要固定零部件时，常用的法兰扣的形状通常为扁平状，其厚度满足将零部件（本案中为过滤网）能够安置于其中即可，并且用于固定过滤网时的安装方式通常是一端与蜗壳风道、风机连接，另一端为自由悬空。可见常用的法兰扣的形状和安装方式并不同于该专利权利要求 1 中的法兰扣，该专利的改进充分考虑到抽油烟机的功能需求和结构特点，构思巧妙、简单有效，没有证据表明这是所属领域的技术人员依据常规的设计原则对常用技术手段进行简单组合和/或修改就能够得到的。此外，该专利能够在有限的空间内，不增加其他部件就同时实现了固定过滤网、减少污染和提高面板整体强度的目的。因此，在没有充分的理由说明或有证据证明的前提下，不能认为法兰扣在抽油烟机中的这种连接关系属于本领域的公知常识。

由此可见，判断某一特征是否属于公知常识时，最为重要的是在确定发明实际解决的技术问题后，从本领域技术人员的角度，判断现有技术中是否存在为解决该实际要解决的技术问题而采用了与本发明相同或相近的技术手段，并且其已经构成了所属技术领域的公知公用的技术。

（撰稿人：郭彦）

【案例 6－5】专利复审委员会第 17554 号复审请求审查决定简介

专利复审委员会于 2009 年 6 月 15 日作出第 17554 号复审请求审查决定。该决定涉及申请日为 2005 年 12 月 17 日、公开日为 2006 年 7 月 26 日、名称为“一种电解电容器高压阳极用铝箔的制造方法”的第 200510120932O 号发明专利申请。

原审查部门以该申请的权利要求均不符合《专利法》第 22 条第 3 款的规定为由驳回了该申请。驳回决定认为，权利要求 1 相对于申请日前公开的对比文件 1（CN1121506C）的区别技术特征为：①其他单个杂质元素≤0.001%，热轧道次为 13～21 道，在所述冷轧步骤最末道次轧制前进行一次退火处理；②Mg：0.002%～0.003%。区别技术特征①、②已经分别被对比文件 2（“电解电容器高压阳极用铝箔研究”一文，载于《轻合金加工技术》，2002 年，第 30 卷第 4 期，第 20～24 页）和对比文件 4（JP 特开平 5－5145A）公开，在对比文件 1 的基础上结合对比文件 2、对比文件 4，获得该申请权利要求 1 的技术方案，对本领域技术人员来说是显而易见的。

提出复审请求时复审请求人提交了经修改的权利要求书，其中独立权利要求 1 为：

“1. 一种电解电容器高压阳极用铝箔的制造方法，该制造方法包括如下步骤：（A）熔铸步骤：在高纯铝液中调配辅助元素，使其达到如下的重量组成，Fe：0.0005%～0.0018%，Si：0.0005%～0.003%，Cu：0.003%～0.007%，Mg：0.002%～0.003%，Al：≥99.98%，其他单个杂质元素：≤0.001%，然后快速冷却成型为铸锭；（B）铸锭均匀化退火及热轧步骤：将成型铸锭在580～620℃温度范围进行均匀化退火处理，金属保温时间 5～30 小时；然后在 480～560℃温度范围进行热轧开轧，热轧终了温度控制在 270～350℃，热轧道次为 13～21 道，制得厚度为 5～14mm 的热轧卷材；（C）冷轧步骤：将热轧卷材经过 7～10 道次的冷轧，轧成硬态铝箔；（D）中间退火步骤：在所述冷轧步骤最末道次轧制前进行一次退火处理。所述步骤 A 中，所述铸锭尺寸为：宽 1020～1100mm、厚 500～600mm、长 2500～6000mm。”

经审查，专利复审委员会作出了第 17554 号复审请求审查决定。该决定认为：权利要求 1 相对于对比文件 1 的区别除上述的区别特征①和②外，还包括：③冷轧 7～10 道次，铸锭厚 500～600mm。

经核实，合议组查明以下事实：

首先，虽然对比文件 2 中“2.2 均匀化处理”和“2.4 冷轧与箔材轧制”公开了区别特征①，但是由对比文件 2 相关记载可见，对比文件 2 中要求必须遵循铝的纯度要达到 99.99%以上、均匀化温度为 500℃、在 500℃以上进行铸锭热轧、热轧终了温度不低于 360℃的条件，600℃均匀化效果不佳。对比文件 1 中均匀化退火温度却是 580～620℃。该申请的权利要求 1 则要求热轧终了温度控制在 270～350℃。综上可见，对比文件 2 中虽公开了区别技术特征①，但是从对比文件 2 整体上看，其对杂质含量、热轧道次、中间退火能对最终铝箔性能产生有利影响的前提是均匀化温度及热轧终了温度符合特定条件。而对比文件 1 并不符合这些条件，该申请的热轧终了温度也不符合这些条件。那么，显然本领域的技术人员从对比文件 2 中无法得到将区别技术特征①结合到对比文件 1 从而得到该申请权利要求技术方案的启示。其次，虽然对比文件 4 也公开了 Mg 含量为 0.5～25ppm 对电极箔的电器性能影响不大，相反在箔强度提高上具有有益效果，但是从对比文件 4 的上下文看，尚不能得出其可教导本领域技术人员得知通过改进 Mg 含量可以将对比文件 2 遵循的原则限制消除的结论。因此，对比文件 4 中也不存在将区别技术特征①、②应用于对比文件 1 以解决其存在的技术问题（即发明实际解决的技术问题）的启示。在此基础上，即使区别③如前置意见所述为常规参数，也不足以说明该申请是由对比文件1、对比文件2和对比文件4可显而易见得到的。

综上所述，根据现有的证据不足以证明该申请权利要求1不具备《专利法》第22条第3款规定的创造性，驳回理由不能成立。

【案例评析】

本案的焦点问题是：其他对比文件公开了最接近的现有技术与涉案申请权利要求的区别技术特征，但同时该对比文件的其他部分对最接近的现有技术中已经公开的技术特征给出了与该申请不同的教导，将该其他对比文件作为整体看待时，如何判断是否存在技术启示。

根据《审查指南2006》第二部分第四章第3.2.1.1节“判断方法”中的规定可知，在采用“三步法”进行技术方案是否具备创造性的判断过程中，需要客观分析并确定发明实际解决的技术问题，并从现有技术整体上判断是否存在某种技术启示。仅是某区别技术特征被对比文件公开尚不足以确定技术启示的存在。当某区别技术特征被另一份对比文件公开时，还需考查该区别技术特征在该对比文件中所起的作用与该区别特征在要求保护的发明中为解决该重新确定的技术问题所起的作用是否相同。

由此，无论是重新确定的技术问题，还是对比文件是否给出启示，都需要从整体上考虑该申请或对比文件，不能简单地将某个技术特征与其他技术特征割裂开，其中还要考虑该技术特征与其他技术特征之间的作用关系。同时，当判断是否存在技术启示时，也不能机械地将对比文件公开的内容囿于单篇对比文件公开的内容。有时技术启示是多篇对比文件中综合反映出的信息，单纯一篇对比文件中存在与最接近的现有技术相反的教导，而其他对比文件中给出了可不遵循该教导或通过改进其他方面而消除该方面限制的启示时，本领域技术人员在阅读了上述多篇对比文件后，将会有从多个角度尝试的动机，此时也可能存在技术启示；反之，如果单纯一篇对比文件中存在与最接近的现有技术相反的教导，而其他对比文件中也未给出可不遵循该教导或通过改进其他方面而消除该方面限制的启示，本领域技术人员在阅读了上述多篇对比文件后，也没有从多个角度尝试的动机，此时不存在技术启示。本案创造性判断中涉及上述相反的情形。具体为，驳回决定中因将区别技术特征①与对比文件1、对比文件2中公开的其他内容割裂开，从而得出了存在技术启示的结论。而复审决定中，综合考虑了对比文件1、对比文件2中公开的信息，认为对比文件2中虽然公开了区别技术特征①，但从对比文件2整体上看，其对区别技术特征①能对最终铝箔性能产生有利影响的前提（均匀化温度及热轧终了温度符合特定条件）与对比文件1已经公开的技术特征相矛盾；采用对比文件1作为最接近的现有技术时，本领域的技术人员将因为采用了与对比文件2中教导不同的特定条件，而不采用对比文件2中以这些特定条件为前提的相应工艺条件，因此，本领域技术人员从对比文件2中无法将区别技术特征①结合到对比文件1从而得到该申请技术方案。此外，从对比文件4尚不能得出其可教导本领域技术人员得知通过改进其他方面（Mg含量）可以将对比文件2遵循的原则限制消除的结论，因此，对比文件4中也不存在将区别技术特征①、②应用于对比文件1的技术启示。

（撰稿人：张艳）

【案例6-6】专利复审委员会第23801号复审请求审查决定简介

专利复审委员会于2010年11月15日作出第23801号复审决定。该决定涉及申请号为200510059527.2、名称为“润滑油组合物”的发明专利申请。

经实质审查，国家知识产权局原审查部门驳回了该申请，其理由是：权利要求1～7相对于对比文件1（US5358652A）和对比文件2（US3505225A）的结合不具备创造性，不符合《专利法》第22条第3款的规定。驳回决定所针对的权利要求1内容如下：

“1. 一种润滑油组合物，其特征在于，含有基础油成分和二苯胺衍生物，其中所述基础油成分含多元醇酯系合成油和C_{12}～C_{72}的脂肪酸；所述二苯胺衍生物具有数均分子量400～800和芳烷基，且二苯胺衍生物的含有量为6质量%～8质量%；所述多元醇酯系合成油是以二季戊四醇作为醇成分并且以异壬酸作为酸成分而形成的酯。”

专利复审委员会成立合议组对本案进行审理，并作出复审决定，认为：该申请权利要求1同对比文件1相比，其区别在于：①在权利要求1中，二苯胺衍生物具有数均分子量400～800和芳烷基。②在权利要求1中，二苯胺衍生物的含有量为6～8质量%；而对比文件1中二苯胺衍生物的用量为0～4%；③在权利要求1中，多元醇脂系合成油以异壬酸作为酸成分。

其中对于区别技术特征②，由于在对比文件1中仅给出作为抗氧化剂的二苯胺衍生物的用量范围是0～4%，并且在对比文件1的表中还给出其优选的用量范围是0～3%。由此可知，在所给出的二苯胺衍生物的用量范围0～4%中，当二苯胺衍生物的用量接近4%时润滑油组合物的性能会下降，而当其用量范围为0～3%时，润滑油组合物的性能会提高。因此对比文件1给出了这样的技术启示，即为了提高润滑油组合物的性能，二苯胺衍生物的用量应当小于4%，优选的是在范围0～3%内。因此本领域技术人员根据对比文件1所给出的教导，只会在小于4%的范围内选择二苯胺衍生物的用量，并且为了获得更优的性能，必须进一步减小二苯胺衍生物的用量，例如将二苯胺衍生物的用量限制在3%以内。从而本领域技术人员并不能从对比文件1中得出在大于4%的范围内选择二苯胺衍生物的用量以提高润滑油组合物性能的技术启示。

而与此正相反，在该申请中通过将二苯胺衍生物的用量控制在6～8质量%的范围内，能够有效抑制润滑油的蒸发量和固化。例如在该申请的说明书附图3中，就明确给出了不同实施例的蒸发损失率比较结果。从图中可以明显看出，实施例4和实施例6［4，4-双（二甲基苄基）二苯胺含量分别为1质量%或2质量%］的蒸发性能要明显劣于其他实施例［4，4-双（二甲基苄基）二苯胺含量为6～8质量%］，从而在选择二苯胺衍生物的含有量为6～8质量%时会产生预料不到的技术效果。因此本领域技术人员不能从对比文件1中得到通过在6～8质量%的范围内使用二苯胺衍生物以提高润滑油的蒸发量和固化性能的技术启示。同时对比文件2也没有公开上述区别技术特征，并且通过在6～8质量%的范围内使用二苯胺衍生物以提高润滑油的蒸发量和固化性能也不是本领域技术人员的公知常识。

因此，在对比文件1的基础上，结合对比文件2公开的技术内容尚不足以得出该申请权利要求1保护的技术方案不具备创造性的结论，驳回决定中关于权利要求1相对于对比文件1和对比文件2的结合不符合《专利法》第22条第3款有关创造性的规定的理由不能成立。

【案例评析】

判断一项发明专利是否具有创造性需要通过判断现有技术是否存在某种技术启示，该技术启示使本领域技术人员能够以一种可能的、成功的方式获得该发明的技术方案。当然，这种启示不必须是直接的、明白无误的，只要是暗含的启示就足够了。但如果本领域的技术人员根据现有技术不仅不能得出直接的或者暗含的技术启示，反而得出的是相反的技术启示，则很容易证明该发明是非显而易见的，具有突出的实质性特点。

本案中，本领域的技术人员根据对比文件1的记载，很容易得出这样的技术启示，即为了提高润滑油组合物的性能，二苯胺衍生物的用量应当小于4%，优选的是在范围0～3%内。因此，本领域技术人员根据对比文件1所给出的教导，只会在小于4%的范围内选择二苯胺衍生物的用量，并且为了获得更优的性能，必须进一步减小二苯胺衍生物的用量。而与此相反，在涉案申请中通过将二苯胺衍生物的用量控制在6～8质量%的范围内，能够有效抑制润滑油的蒸发量和固化，产生了预料不到的技术效果。因此，本领域的技术人员不能从对比文件1中得到通过在6～8质量%的范围内使用二苯胺衍生物以提高润滑油的蒸发量和固化性能的技术启示。

实践中，判断现有技术是否给出了相反的技术启示并非一件容易的事情，尤其在化学领域，由于它是一项实验性科学，研究人员往往会在一个相对较宽的范围内进行实验以期得到新的发现。因此，即使现有技术中存在上述“相反的技术启示”也并不一定会限制研究人员进一步探索的步伐。但显而易见性的判断显然不能过多考虑这种例外情形，因为，专利制度的创立就在于鼓励发明创造，给予那些勇于探索的发明人以应有的回报。

（撰稿人：王冬）

【案例 6-7】专利复审委员会第 18708 号复审请求审查决定简介

专利复审委员会于 2009 年 8 月 10 日作出 18708 号复审请求审查决定。该决定涉及名称为“一种用于水体杀藻、抑藻的方法”的第 021105669 号发明专利申请。

原审查部门以权利要求 1～2 相对于申请日前公开的对比文件 1（US4525272A）不具备《专利法》第 22 条第 3 款规定的创造性为由，驳回了该申请。复审请求人在提出复审请求时提交了经修改的权利要求书。专利复审委员会发出复审通知书，指出权利要求 1～2 仍不具备创造性。复审请求人针对上述复审通知书提交了权利要求书的全文替换页以及《关于电解产生氢氧化铜杀藻机理及评价——电解杀藻试验总结》一文。修改后的权利要求书为：

“1. 一种用于水体杀藻、抑藻的方法，其电解设备电极直流电压可根据设备条件在 1～36V 间选用，电极阳极采用铜质材料，阴极材料可选择铜、铁、铝、石墨或其他导电材料，抑制藻类铜元素浓度为 0.4～4mg/L，杀藻、杀菌铜元素浓度为 3～8mg/L；该方法技术特征在于：电极可直接设置于需处理水体中，电极在水体中通过电解产生氢氧化铜杀藻、杀菌剂；电解设备可设置于车上、船上进行移动杀藻；电解设备可设置于水体浮动设备上、冷却塔系统中或者水体旁置设施中进行区域杀藻、杀菌水处理。”

复审请求人认为，复审通知书中忽略了对比文件 1 第 2 栏第 42 行至第 48 行的教导，即：虽然铜离子杀灭细菌和藻类是公知常识，但为了节约铜，从经济角度出发，使用铜电极是不可行的，最终对比文件 1 添加了其他金属元素；另外，对比文件 1 不懂得合成氢氧化铜杀菌剂的原理，也就没有要达到合成氢氧化铜杀菌剂的目的。

经审查，专利复审委员会作出了第 18708 号复审请求审查决定。该决定认为：权利要求 1 请求保护一种用于水体杀藻、抑藻的方法。对比文件 1 公开了一种净化水的电化学离子化系统，并具体公开了以下内容（参见说明书第 1 栏第 47 行至第 2 栏第 42 行，第 3 栏第 40～66 行，第 5 栏第 10～32 行，权利要求1～6)：所述系统具有铜质阳极电极和铁质阴极电极，通过电解作用产生铜离子达到杀菌、灭藻的效果，可应用于对游泳池等水体的处理，净化20000加仑游泳池通常采用0.5～6V的直流电压，离开电解单元的水的铜浓度为0.05～0.2ppm（注：约合0.05～0.2mg/L)。对比文件1说明书第5栏第67行至第6栏第10行公开了以下内容：如果太多电流通过电极，则阳极产生过多铜离子，阴极产生过多氧，电极消耗快。如果通过电流不足，产生的铜离子和氧不足，待处理物不能以足够快的速度或不能以足够的量从水体中除去，杀菌不充分。

对比文件1公开的杀藻方式为区域杀藻；电极电压与该申请权利要求1的数值范围有交叉；因未见该申请权利要求1的电解条件与对比文件1的上述技术方案有实质不同，合议组认为在电极、电解条件、电解对象相同的前提下，电解产物应是相同的，故所属领域技术人员可判断两者产生的杀菌剂没有实质不同。权利要求1所要求保护的技术方案与对比文件1的所公开的技术内容相比，其区别技术特征在于：将电解设备设置于车上、船上进行移动杀藻，权利要求1中限定的水体中抑制藻类铜元素浓度以及杀藻、杀菌铜元素浓度与对比文件1的上述技术方案不同。

该申请实际要解决的技术问题是提供适宜的铜元素浓度以进行水体杀藻、抑藻。对比文件1的上述公开内容说明了铜离子浓度高杀菌、杀藻效果增强，但铜电极消耗过快，其实质给出了调变适宜的铜浓度以达到适宜的杀藻、抑藻效果的启示。由此本领域技术人员会根据需处理水体的含菌、含藻量以及对水处理的要求，通过有限次的实验来确定杀藻、杀菌、抑藻所需的铜元素浓度。而将电解设备设置在车上或船上进行移动杀藻是本领域技术人员根据需杀藻水体的实际情况等因素很容易想到的。从而本领域技术人员在对比文件1上述公开内容的基础上获得该申请权利要求1请求保护的技术方案不需要付出创造性劳动，因此，权利要求1不具有突出的实质性特点，不具备《专利法》第22条第3款规定的创造性。

对于复审请求人的意见，合议组认为：对比文件1第2栏第42行至第48行认为铜离子杀灭细菌和藻类是公知常识，但鉴于铜的消耗，从经济上使用铜电极是难实施的，上述内容表明铜耗高不利于经济性，这与该申请要达到高的铜含量也会伴随相应的铜耗并不矛盾，对比文件1公开的技术方案中给出了使用了铜电极，且可以调变铜元素含量的启示，本领域技术人员能够根据该启示调变确定适宜的铜元素含量。合议组对复审请求人的意见不予支持。

【案例评析】

本案的焦点问题是：在判断技术启示的过程中如何考虑现有技术中基于

经济成本原因排除的技术方案。

创造性的判断是基于技术方案的获得是否显而易见，基于成本考虑经济上是否可行并非判断是否具备创造性的标准。

《审查指南 2006》第二部分第四章第 3.2.1.1 节“判断方法”中规定，判断要求保护的发明相对于现有技术是否显而易见，通常可按照三个步骤进行（以下简称“三步法”）。按照“三步法”判断要求保护的发明相对于现有技术是否显而易见时，评价的是技术方案，而技术方案是对要解决的技术问题所采取的利用了自然规律的技术手段的集合，而技术手段通常是由技术特征来体现的。判断是否存在技术启示的关键是，该技术特征在现有技术中所起的作用与该技术特征在要求保护的发明中为解决发明实际解决的技术问题所起的作用是否相同。价格的高低仅是出于成本考虑有碍于经济上的可行性，如果其并不妨碍纯技术角度的可行性，则本领域技术人员面临相关技术问题时，在技术角度上仍有采用相关技术手段的动机。

本案中，复审决定认为：从技术角度来看，对比文件 1 公开的技术方案中使用了铜电极，给出了调变铜元素含量的启示，本领域技术人员可以显而易见地获得涉案申请的技术方案。虽然从经济角度来看，使用铜电极不利于经济性，但并不妨碍技术角度上应用铜电极的可行性，而且该申请要达到高的铜含量也会伴随相应的铜耗，同样存在经济成本高的问题。

关于经济因素的影响，美国相关的规定也体现了与本案类似的思想。美国审查程序手册指出，因为经济的原因而不会作出某种现有技术的结合，并不等于本领域普通技术人员会因为某些技术上的不兼容性而不作出这种结合。例如，在 In re Farrenkopf 案中［参见 In re Farrenkopf，713 F.2d 714，219 USPQ 1（Fed. Cir. 1983）］，一方当事人主张现有技术中教导在放射性免疫测定中加入某种抑制剂是非常方便的，但是由于稳定性的问题而比较昂贵，故而不存在添加的启示。对此，法院认为，加入抑制剂所带来的额外花费不能使本领域技术人员为了方便的原因而不去这样做。这说明，单纯的经济因素并不能构成在技术上结合的障碍。

（撰稿人：张艳）

第三节　不同类型的发明创造的创造性判断

【案例 6-8】专利复审委员会第 11199 号无效宣告请求审查决定简介

专利复审委员会于 2008 年 3 月 17 日作出第 11199 号无效宣告请求审查决定。该决定涉及申请日为 2002 年 4 月 1 日、授权公告日为 2003 年 1 月 1 日、名称为“汽车中央门锁执行器”的第 02208838.5 号实用新型专利。

该专利授权公告的权利要求书如下：

“1. 一种汽车中央门锁执行器，包括马达、马达齿轮、中间齿轮轴、大齿轮、小齿轮及齿条，马达齿轮安装在马达轴上，其特征在于：中间齿轮轴与马达轴平行安置，大齿轮和小齿轮均安装在中间齿轮轴上，大齿轮置于小齿轮的下方，大齿轮与马达齿轮啮合，小齿轮与齿条啮合。”

针对该专利，请求人向专利复审委员会提出无效宣告请求，认为权利要求 1 相对于附件 1 或 2 不具备创造性，不符合《专利法》第 22 条第 3 款的规定。其中，附件 1 为申请日前授权公告的专利号为 93203799.2 的中国实用新型专利说明书，附件 2 为申请日前授权公告的专利号为 00206847.8 的中国实用新型专利说明书。

请求人认为，该专利权利要求 1 与附件 1 或者附件 2 的区别仅在于：权利要求 1 中大齿轮置于小齿轮的下方，而附件 1 或者附件 2 中的大齿轮置于小齿轮的上方（以马达位于整体装置的下方为参照系），但该位置关系的简单变换并不能给该专利带来创造性。专利权人认为，正是由于该区别特征的引入，使得该专利相对于附件 1 或者附件 2 具备如下技术效果：①结构紧凑、体积小；②齿轮啮合稳定、齿轮间不产生干涉；③齿条行程加大。因此该专利权利要求 1 相对于附件 1 或附件 2 具备创造性。

合议组经审查作出第 11199 号无效决定，认为：该专利权利要求 1 与附件 1 或者附件 2 的区别仅仅是将现有技术中由大齿轮和小齿轮所组成的从动齿轮组上下颠倒方向，使得大齿轮在下，小齿轮在上。但是这种变化并没有改变任何一个齿轮的形状，也没有改变齿轮副之间的传动关系，即仍然采用“马达齿轮啮合大齿轮转动，使得小齿轮与大齿轮同轴旋转，小齿轮再啮合齿条，最终实现齿条的往复移动”的传动方式。无论是从动齿轮组中的大齿轮在上、小齿轮在下，还是小齿轮在上、大齿轮在下，都仅是实现相同的传动功能的一种齿轮位置关系的改变，因此该专利权利要求 1 的技术方案相对于附件 1 或者附件 2 来说，仅属于零部件位置关系改变的“要素关系改变的发明创造”。根据《审查指南 2006》第四部分第六章第 4 节“实用新型专利创造性的审查”以及第二部分第四章第 4.6.1 节“要素关系改变的发明”的规定，要判断该专利权利要求 1 相对于附件 1 或者附件 2 是否具备创造性，则需要考查该专利权利要求 1 与附件 1 或者附件 2 的上述区别特征是否导致该专利的技术效果、功能及用途产生变化，或者技术效果、功能及用途的变化对本领域技术人员来说是否可预料到。

同时，由于该专利权利要求 1 与现有的门锁控制器在功能和用途上显然并未发生改变，而且专利权人也并未有此主张，而仅是强调该专利的区别特征所带来的技术效果，即：①结构紧凑、体积小；②齿轮啮合稳定、齿轮间不产生干涉；③齿条行程加大。因此本案的焦点在于专利权人所称的上述技术效果是否存在，或者即使存在，其对本领域技术人员来说否可预料。

对此，第 11199 号无效审查决定进一步认为：（1）关于专利权人所称的技术效果①“结构紧凑、体积小”。本领域技术人员公知，整体传动结构的体积只与单个传动部件的尺寸以及传动部件之间的传动关系相关，而该专利仅是颠倒从动齿轮组的上下方向，并未改变从动齿纶组的形状和尺寸，也未改变其与其他传动件之间的传动关系，因此并不能使得整个转动装置的体积发生任何改变。（2）关于专利权人所称的技术效果②“齿轮啮合稳定、齿轮间不产生干涉”。由于现有技术中从动齿轮组中的大齿轮在小齿轮上方时，借助于马达齿轮轴和中间齿轮轴的轴向固定作用，以及齿轮副之间清晰的空间位置设置和传动关系，现有技术完全可以实现啮合稳定、齿轮相互间不产生干涉的传动。而专利权人并不能证明仅仅颠倒从动齿轮组的上下方位就能使得上述稳定的齿轮传动关系改善多少。（3）关于专利权人所称的技术效果③“齿条行程加大”。本领域技术人员公知，门锁执行器中齿条的行程只与齿条上的齿长以及门锁执行器的外壳体积对齿条位移的限制有关，而该专利仅是颠倒从动齿轮组的上下方向，并未涉及齿条上的齿长以及门锁执行器的外壳体积的改变，因此并不能使得门锁执行器的齿条行程发生任何改变。综上，专利权人并不能证明上述区别特征“大齿轮置于小齿轮的下方”的引入给该专利带来了其所称的预料不到的技术效果。因此该专利权利要求 1 相对于附件 1 或者附件 2 不具备《专利法》第 22 条第 3 款规定的创造性。专利复审委员会据此宣告该专利无效。

【案例评析】

本案主要涉及如何判定“要素关系改变的发明”的创造性问题。

根据《审查指南 2006》第二部分第四章第 4.6.1 节的相关规定，要素关系改变的发明，是指发明与现有技术相比，其形状、尺寸、比例、位置及作用关系等发生了变化。如果要素关系的改变没有导致发明的技术效果、功能及用途的变化，或者技术效果、功能及用途的变化是可预料到的，则发明不具备创造性。实用新型的创造性审查可以参照上述规定。

本案中，该专利权利要求 1 的技术方案相对于附件 1 或者附件 2 来说，仅仅是将由大齿轮和小齿轮所组成的从动齿轮组上下颠倒方向，属于零部件位置关系改变的“要素关系改变的发明创造”。因此要判断该专利权利要求 1 相对于附件 1 或者附件 2 是否具备创造性，主要应考查两者的区别特征是否导致技术效果、功能及用途产生变化，或者技术效果、功能及用途的变化对本领域技术人员来说是否可预料到。由于该专利权利要求 1 与现有的门锁控制器在功能和用途上显然并未发生改变，本案的焦点即在于专利权人所称的技术效果是否存在，或者即使存在，其对本领域技术人员来说是否可预料。正如决定中所述，由于该专利与附件 1 或附件 2 的区别特征并未给该专利带来所称的预料不到的技术效果。因此，其仅对现有技术进行零部件位置关系改变的“要素关系改变的发明创造”不具备创造性。

（撰稿人：郭建强）

【案例 6－9】专利复审委员会第 6519 号复审请求审查决定简介

专利复审委员会于 2005 年 6 月 16 日作出第 6519 号复审决定。该决定涉及申请日为 1999 年 12 月 1 日、公开日为 2002 年 1 月 2 日、名称为“装饰板层压用树脂薄膜及层压有该树脂薄膜的装饰板”的第 99813988.2 号发明专利申请。

2004 年 6 月 11 日，国家知识产权局以该申请权利要求 1 不具备《专利法》第 22 条第 3 款规定的创造性为由驳回了该申请。驳回决定所针对的权利要求 1 为：

“1. 一种装饰板层压用树脂薄膜，该薄膜是在含有 0.5～60 重量％的结晶促进剂的聚对苯二甲酸乙二醇酯树脂薄膜的至少一个面上进行压纹加工而制成，所述结晶促进剂的粒径为 0.01～5 微米，其中前述结晶促进剂是选自碳系列颜料、偶氮化合物系列颜料和花青系列颜料的一种或多种。”

对比文件 1 涉及一种适合用于粘结金属的白色聚酯薄膜，其中形成聚酯的二酸可以是对苯二甲酸、间苯二甲酸等，二醇可以是乙二醇、二甘醇等。在该聚酯薄膜中含有 10％～30％重量的平均粒径为 0.01～1.8 微米的白色颜料，所述的白色颜料可以为氧化钛、钛酸钡、硫酸钡和碳酸钙颗粒。所述的聚酯薄膜具有优良的叠层性、成型性和可加工性能。对比文件 2 公开了薄膜制备过程中加入的有机颜料如偶氮颜料、酞菁颜料。

驳回决定认为：对比文件 1 的说明书没有明确指明该颜料可以起到结晶促进剂的作用，但在权利要求 1 所用的结晶促进剂和对比文件 1 所用颜料的种类大小及加入数量一致的情况下，对比文件 1 中的颜料实质也一样可以起到结晶促进剂的作用，因此权利要求 1 与对比文件 1 的区别仅在于颜料的不同，该区别被对比文件 2 公开，并且该特征在对比文件 2 中的作用和在对比文件 1 中相同；因此，权利要求 1 不具有突出的实质性和显著的进步，不具备创造性。

请求人认为，对比文件 1 和对比文件 2 与该申请所要解决的技术问题是不同的，本领域技术人员为了解决该申请中要解决的问题时，根据现有技术的知识，不会将着色颜料添加到对比文件1中的聚酯树脂中，并且对比文件2也没有给出着色颜料可以作为结晶促进剂的启示，因此该申请权利要求1相对于对比文件1和对比文件2是非显而易见的，具备创造性。另外请求人还认为，对比文件1公开了一种无机颜料（氧化钛），但是没有公开有机颜料，也没有公开结晶促进剂，而含有碳化合物的有机颜料不同于不含碳化合物的无机颜料，因此，在对比文件1的基础上，用有机颜料替代无机颜料是非显而易见的；对比文件2公开了含有有机颜料的聚乙烯、聚丙烯和乙烯一醋酸乙烯酯共聚物，但是没有公开含有有机颜料的聚酯薄膜。因此，对比文件1和对比文件2的发明目的与该申请是完全不同的，本领域技术人员不可能容易地从对比文件1与对比文件2的结合中得到该申请的技术方案。

合议组认为：将权利要求1与对比文件1相比，两者的主要区别在于，权利要求1采用了有机颜料的结晶促进剂，而对比文件1采用的是无机颜料。就该申请而言，权利要求1的有机颜料作为结晶促进剂使用是基于下述发现："树脂的结晶化速度对树脂薄膜加工性和压纹加工性能有影响，即通过提高树脂的结晶化速度，促进树脂结晶化，结果抑制结晶成长，增加了细微结晶的数量，提高了加工性能，不损害透明性，树脂在水中使用时，树脂劣化得到控制。另外，因树脂中含有一定范围粒径的细微粉末，促进了树脂的结晶化，即细微粉末起到结晶促进剂的作用"（参见该申请说明书第2页）。尽管在对比文件1中白色颜料起着着色和遮光的作用，但本领域技术人员公知，对比文件1所限定的粒径范围的颜料可以起到结晶促进剂的作用，这在公知的技术手册，例如《塑料工业实用手册》（化学工业出版社出版，1995年5月第1版）第700～701页"成核剂"一节中已有介绍，因此，即使在对比文件1中未明确指明白色颜料可起到结晶促进剂作用的情况下，作为本领域技术人员也可以知晓，对比文件1中所述的颜料可起到结晶促进剂的作用。同样地，本领域技术人员公知，有机颜料（如酞青蓝颜料）也具有成核剂的作用（例如，可参见上述《塑料工业实用手册》第1751～1752页）。由此可见，无论是权利要求1中所限定的有机颜料还是对比文件1中的无机颜料，它们均具有促进结晶的功能作用（公知常识），并且这些有机和无机颜料也是公知的，因此，在对比文件1的基础上用限定的有机颜料替代无机颜料从而得到该权利要求1保护的技术方案对于本领域技术人员来说是显而易见的，并且从其取得的技术效果上看，例如从该申请说明书第8页表1中给出的效果数据上看，采用各种结晶促进剂（有机和无机）的效果是相当的。因而这种替代也没有给该申请权利要求1所要求保护的技术方案带来预料不到的技术效果，所以，权利要求 1 相对于对比文件 1 不具有突出的实质性特点，不符合《专利法》第 22 条第 3 款的规定。

请求人在意见陈述书中还认为，对比文件 1 和对比文件 2 的发明目的与该申请是完全不同的，作为本领域技术人员，不可能容易地从对比文件 1 与对比文件 2 的结合中得到该申请的技术方案。对此，合议组认为，该申请是基于发现细微粉末可起到结晶促进剂的作用而做出的（参见该申请说明书第 2 页第 19～25 行），然而，一定粒径的微细粉末和有机颜料具有成核剂的作用已是本领域公知的常识，因此，虽然对比文件 1 没有对此给予直接的教导，但本领域技术人员也能够明白对比文件 1 中的无机颜料的粉末可以起到结晶促进剂的作用，因而在对比文件 1 和本领域公知常识的基础上可以得到该申请权利要求 1 的技术方案，这一结合不需要付出创造性的劳动。

【案例评析】

根据《审查指南 2006》第二部分第四章第 4.6.2 节中的规定，要素替代的发明属于要素变更的发明，在判断要素替代的发明的创造性时，需要判断替代的技术手段是否与申请具有相同的功能、解决相同的技术问题、以及该技术手段的替代是否产生预料不到的技术效果。

表面看来，在“要素替代发明”的创造性判断中是将现有技术中的某技术手段或材料替代了最接近现有技术中的相应技术特征，而不是如“三步法”中所建议的是将其结合到最接近现有技术的技术方案中，因此这两种判断方法存在具体操作上的不同，但是，从本质上来看，这种判断方式是“三步法”在典型案例中的灵活应用。具体而言，首先，确定区别特征的步骤即是判断出需要被替代的技术特征的过程；其次，分析发明实际解决技术问题的步骤即是判断该技术特征在该申请中所具有的功能的过程；再次，判断现有技术是否给出技术启示从而进行结合的步骤即是判断是否可以进行该技术特征的替代的过程；最后，判断技术效果是否可以预料，并根据上述过程最终得出申请是否是显而易见的判断。

该判断方法着重于判断发明的技术手段或者发明中使用的某材料的功能作用，并判断其与已知手段、公知产品的相应材料是否具有相同功能。如果具有相同的功能、或者相似的应用是已知的，则存在该技术手段或材料的替代从而解决所述技术问题的技术启示。

本案中，合议组论述了权利要求与最接近现有技术的区别为采用有机颜料的结晶促进剂；根据该申请的说明书具体分析了有机颜料的作用原理和作用方式来判断其所解决的技术问题；通过分析对比文件 1 公开的白色颜料的作用可知，其在一定粒径范围内可以起到结晶促进剂的作用，而使用有机颜料如酞青蓝具有成核剂的作用是本领域的公知常识，从而得出该申请的有机颜料和最接近的现有技术中白色颜料的功能、作用相同；公知材料酞青蓝与该申请中相应的技术特征具有的功能作用相同，且其可用于成核剂的应用也是已知的，因此可以得出用属于有机颜料的酞青蓝替代白色颜料的技术启示。

（撰稿人：吕慧敏）

【案例 6－10】专利复审委员会第 16435 号无效宣告请求审查决定简介

专利复审委员会于 2011 年 4 月 7 日作出第 16435 号无效宣告请求审查决定。该决定涉及申请日为 2007 年 6 月 6 日、授权公告日为 2008 年 6 月 25 日、名称为“氧化铝选矿孔板座”的第 20072007982408 号实用新型专利。

该专利授权公告的权利要求书如下：

“1. 一种氧化铝选矿孔板座，其特征是：在孔板座内壁采用喷涂技术喷上一层硬质合金层。”

针对该专利，请求人向专利复审委员会提出了无效宣告请求，其无效宣告请求的理由是权利要求 1 相对于所提交的附件 1 和附件 2 不符合《专利法》第 22 条第 2 款、第 3 款的规定，请求宣告该专利权利要求 1 无效。同时提交了两份证据：附件 1 是公开日在该专利申请日前、公开号为 CN1847709A 的中国发明专利申请公开说明书；附件 2 是成都市中大公证处出具的（2010）川中证字第 1487 号公证书，该公证书的附件包括“硬质合金喷涂技术”一文（载于《煤矿机械》，1998 年第 7 期）。

附件 1 公开了一种铝业专用安全阀门，该阀门主要应用于氧化铝生产中溶出系统的高压溶出器（压煮器）和自蒸发器（闪蒸槽）上，其中的介质一般包括水、蒸汽以及矿浆等，矿浆内包含氧化铝颗粒。由于介质中带有硬度极高的氧化铝颗粒，在安全阀的开启、排放、回座过程中，容易造成密封面的损坏，最后导致安全阀的泄漏。为解决上述技术问题，附件 1 在安全阀座和阀瓣的密封面上，堆焊高硬度的硬质合金，避免了氧化铝颗粒冲刷或破坏密封面，保证了安全阀的密封性。

附件 2 公开了通过热喷涂喷焊技术将硬质合金喷焊粉喷焊到工件表面形成耐磨层，成倍提高工件使用寿命。

专利权人认为：该专利与附件 1 的保护主题不同，不能将附件 1 作为最接近的对比文件，也不能将附件 2 结合到附件 1 中。

合议组经审查后作出无效决定，认为：附件 1 公开的铝业专用安全阀门与该专利的氧化铝选矿孔板座同属氧化铝选矿的技术领域，并且都是用于该领域管道设备中有矿浆物料通过的部件；附件 1 公开了现有技术中存在“介质中含氧化铝颗粒和矿浆，使得氧化铝行业中管道和设备冲刷和磨损严重，设备寿命减短”的技术问题。因此附件 1 给出了将在安全阀门上堆焊高硬度的硬质合金的技术转用到在氧化铝选矿领域中有矿浆物料通过的其他管道设备内与物料接触的面上堆焊高硬度的硬质合金以避免氧化铝颗粒冲蚀和破坏的技术启示，对于本领域技术人员来说，该转用无需克服技术上的困难，并且可以预料该转用所带来的技术效果；而附件 2 公开了通过热喷涂喷焊技术将硬质合金喷焊粉喷焊到工件表面形成耐磨层，使工件使用寿命成倍提高的技术方案。由此，对于本领域技术人员来说，在将附件 1 的技术方案转用到孔板座的基础上，结合附件 2 的内容即选用喷焊技术喷焊硬质合金取代堆焊技术得到权利要求 1 的技术方案是显而易见的，权利要求 1 不具备实质性特点，不具备《专利法》第 22 条第 3 款规定的创造性。

【案例评析】

《审查指南 2006》对“转用发明”及其创造性判断给出了定义和审查方法。在判断对比文件是否存在相应技术启示时需要考虑：转用的技术领域的远近、转用的难易程度、是否需要克服技术上的困难等因素。

鉴于材料领域专利申请多涉及领域交叉的特点，熟练运用“转用发明”将非常有益，但是《审查指南 2006》中关于转用发明的案例较少，并且缺乏对于转用发明创造性具体判断的方法和技巧。本案则给出了具有实际操作价值的判断方法、思路和步骤。

涉案专利可以看作是将安全阀门的涂覆硬质合金技术转用到孔板座的发明。基于该前提，在判断创造性时，对该专利以及附件 1 和附件 2 进一步做如下的分析：第一，孔板座领域的技术人员了解该领域的现有技术状况，他想要解决该领域存在的技术问题时，也具备到相近或相关技术领域寻找解决技术问题的技术手段的能力，而安全阀门与孔板座都是用于氧化铝选矿业的产品，是相关的技术领域；第二，附件 1 提出了在氧化铝选矿的行业中存在“介质中含氧化铝颗粒和矿浆，使得氧化铝行业中管道和设备冲刷和磨损严重，设备寿命减短”的技术问题，并采用堆焊硬质合金层的技术手段具体解决了管道中安全阀门的该技术问题。

根据上述两点可以作出判断：附件 1 给出了将在安全阀门内壁堆焊高硬度硬质合金的技术转用到在氧化铝选矿领域中有矿浆物料通过的其他管道设备以避免氧化铝颗粒冲蚀和破坏的技术启示；附件 2 公开了通过热喷涂喷焊技术将硬质合金喷焊粉喷焊到工件表面形成耐磨层，使工件使用寿命成倍提高的技术方案。由此可以得出如下结论：对于本领域技术人员来说，进一步选用喷焊技术喷焊硬质合金取代堆焊技术是显而易见的，因此权利要求 1 不具备创造性。

本案中尽管孔板座和安全阀门在功能和作用上有很大差异，但两者使用的环境相似，即都存在高温高压熔化的矿浆物料流经从而易被其腐蚀、磨损，两者需要解决相同的技术问题，并由此形成技术启示。

（撰稿人：吕慧敏）

第四节　特点案例

【案例 6－11】专利复审委员会第 18738 号复审请求审查决定简介

专利复审委员会于 2009 年 8 月 10 日作出第 18738 号复审请求审查决定。该决定涉及申请日为 2006 年 1 月 14 日、名称为“无石免烧蒸砌块及其制造工艺”的第 200610005651.5 号发明专利申请。

国家知识产权局原审查部门以权利要求 1～2 不符合《专利法》第 22 条第 3 款的规定为由驳回了该申请。驳回决定所针对的权利要求书为：

“1. 无石免烧蒸砌块，其特征在于：用含泥量 20％以下的下列物料：沙漠沙或黄河淤积沙或其他沙或煤粉灰或碎石粉或无机硬质细粒料（可用煤矸石、炉渣、矿渣等粉碎而成）或以上述物料的混合物为主料，加干物质总重的 8％～25％的水泥和干物质总重的 10％～14％的水，混合均匀，压制成形，保湿养护而成。

“2. 一种无石免烧蒸砌块的制造工艺，其特征在于将主料、水泥、水按比例配合后，混合均匀，然后装入成形模中，经过或不经过震实，加 20～35MP 的非冲击压力成形，经过 28 天保湿养护达到所需性能，调整材料配比和改变压力，可以使砌块获得不同的性能，如抗压强度可以在 7～30MPa 之间变动。”

第 18738 号复审决定维持了驳回决定，其主要理由为：该申请权利要求 1 要求保护的是一种无石免烧蒸砌块。对比文件 1 公开了一种环保免烧砂砖及制备方法。权利要求 1 与对比文件 1 的区别主要在于：权利要求 1 限定了主料的含泥量在 20％以下以及主料除了粉煤灰、碎石粉和无机硬质材料以外，还可以为黄河淤积沙。

对于含泥量，由于国家标准 GB/T14684—2001 中规定了建筑用砂中天然砂的含泥量应小于 5％，因此本领域技术人员通常采用含泥量小于 5％、泥块含量小于 2％的天然砂作为主料。权利要求 1 要求保护的范围已经涵盖了现有技术的内容。对于以黄河淤积沙作为主料，合议组认为：对比文件 1 已经公开了以细河沙、细煤渣和石粉混合物作为主料的技术方案；同时对比文件 1 明确记载了河沙可以作为主料，黄河沙属于常见的河砂；而沙漠沙或其他沙与河沙的性质相类似，也可用于砌块的制备；粉煤灰，煤矸石、炉渣或矿渣等无机硬质细粒料则是属于本领域制备砌块的常用原料；上述物料单独或混合作为主料对本领域技术人员而言是显而易见的。

复审请求人主张其采用黄河沙为原料克服了技术偏见。对此，合议组认为：黄河淤积沙属于河砂的一种，对比文件 1 已经公开了所用的沙为河沙，因此本领域技术人员在上述技术启示下采用黄河淤积沙作为原料是显而易见的；而且，通常本领域技术人员对物料粒径和级配的选择是综合考虑生产条件、产品强度以及成本的结果，并不存在排除小粒径砂粒的技术教导，请求人提供的证据也未能表明现有技术存在将黄河淤积沙排除在常用建筑材料之外的技术偏见。此外，权利要求 1 和说明书中以黄河淤积沙为主料制备砌块的方法与采用砂石、粉灰等为主料制备砌块的方法步骤相同，其工艺参数的范围也属于本领域的常规选择，也就是说以黄河淤积沙为原料制备砌块，并不需要对其进行特殊处理。这也充分说明本领域技术人员显然没有理由将其排除在常规建筑用砂的范围以外。

【案例评析】

本案涉及技术偏见的判断。

《审查指南 2006》第二部分第四章第 5.2 节中规定，技术偏见是指在某段时间内、某个技术领域中，技术人员对某个技术问题普遍存在的、偏离客观事实的认识，它引导人们不去考虑其他方面的可能性，阻碍人们对该技术领域的研究和开发。技术偏见是审查员在判断创造性时通常需要考虑的其他因素之一。

如果本领域技术人员对技术手段所解决技术问题的普遍认识偏离了客观事实，则确实存在技术偏见。但是，不能仅仅由于权利要求中的技术方案与现有技术中公开的技术方案之间存在的区别技术特征是人们没有采用的，就认为整个技术方案克服了技术偏见。

本案中，复审请求人认为采用了黄河沙为原料克服了技术偏见，解决了现有技术中不能采用含泥量高的黄河沙作为砌块原料的技术问题。其主张主要是基于现有技术中都没有采用黄河沙这种原料，但并未提供相应佐证的证据。合议组从两个角度认定复审请求人关于技术偏见的主张不成立：首先，现有证据并不能表明本领域存在含泥量高或黄河沙不能作为主料的普遍、客观的认识，因此不能证明上述认识偏离了客观事实的问题；其次，该申请记载的技术方案并未体现采用上述原料制备砌块需要克服技术偏见。判断是否存在技术偏见需要对现有技术有充分的了解，在审查实践中对其判断存在一定难度。本案中，合议组主要基于请求人未提供足够的证据或者说理来证明其关于技术偏见的主张是属实的，以对比文件 1 和该申请中记载的实际内容进行分析，对请求人技术偏见的主张进行了反驳，力求为技术偏见的判断提供一定的思路。

（撰稿人：官墨蓝）

【案例 6－12】 专利复审委员会第 14858 号无效宣告请求审查决定简介

专利复审委员会于 2010 年 5 月 10 日作出第 14858 号无效宣告请求审查决定。该决定涉及申请日为 2004 年 1 月 5 日、授权公告日为 2004 年 12 月 22 日、名称为“直接静电落绒法植绒室”的第 200420024009.8 实用新型专利。

该专利授权公告时的权利要求 1 如下：

“1. 直接静电落绒法植绒室，其特征是：在机架（2）（应为“机架（12）”，下同。——编者注）的上面安装升降架（7），在机架（2）的上部沿织物的运行方向安装多根多角振打辊（14），在升降架（7）内安装落绒室（21），在落绒室（21）上面的升降架（7）上安装料槽（2），在落绒室（21）的底部设置静电平筛。”

请求人认为权利要求 1 相对于现有技术附件 8～11 的结合不符合《专利法》第 22 条第 3 款的规定。附件 8 为公告号为 CN2032103U 的中国实用新型专利申请说明书，附件 9 为公告号为 CN2088903U 的中国实用新型专利申请说明书，附件 10 为申请号为 88103328.6 的中国发明专利申请公开说明书，附件 11 为授权公告号为 CN2399117Y 的中国实用新型专利说明书。

合议组经审查后意见如下：

附件 8 公开了一种静电植绒机。权利要求 1 与附件 8 相比，存在如下区别技术特征：①附件 8 中没有公开升降架，因此也没有公开机架的上面安装升降架、升降架内安装落绒室、落绒室上面的升降架上安装料槽；仅公开了在机架的上方安装有四个立柱，立柱支撑箱架（57），绝缘箱（60）安装在箱架上；②附件8 中没有公开机架的上部沿织物的运行方向安装多根多角振打辊。

关于区别特征①，附件 10 中公开了一种连续性生产植绒花布的设备，并具体记载了如下技术特征：“升降装置用于承托印花装置，并经技术改造使之也能承托涂胶装置，植绒装置”；植绒装置包括静电高压发生器、植绒网框、金属负高压网框、落绒网框、绒毛存储器、绒毛刮刀及绒毛刮刀的传动装置、植绒框架、静电植绒控制器、方形正极金属板等；“植绒框架是一种用于支撑植绒网框，金属负高压网框、落绒网框（包括绒毛存储器、绒毛刮刀）的支架，植绒框架与升降装置直接联接”；“每台自动单色绒毛静电植绒机都具有相应的静电植绒控制器。也就是在它的控制下，当植绒框架下降，静电高压发生器就接通电源开始工作，直流高压电场形成，绒毛刮刀电机运转带动传动装置使绒毛刮刀作往复运动，……当植绒完毕，绒毛刮刀电机停止，高压电源断电，落绒与植绒停止，植绒框架回升，等待下一周期”。由此可见，附件10与该专利权利要求1一样均采用了静电落绒法植绒，附件10中的植绒框架等相当于该专利中的落绒室，为便于调整植绒框架与织物之间的距离，附件10公开了升降装置承托植绒框架的技术特征，本领域技术人员在附件10上述内容的启示下，为了便于调整自上而下落下的绒毛与织物之间的距离，容易想到在附件8中的静电植绒机中设置升降装置，并在机架的上面安装升降架、升降架带动绝缘箱（相当于落绒室）的移动，料槽安装在落绒室上面；至于绝缘箱（相当于落绒室）是安装在升降架上还是升降架内是本领域技术人员根据实际情况的需要可以进行的常规选择，不需要付出创造性劳动。

关于区别特征②，附件11中公开了一种植绒机上用的多角振打辊，并具体公开了如下技术特征：“在左、右墙板1、17上分别利用轴承2、18沿水平方向安装一组振打轴3，在每根振打轴3上各安装可沿轴向移动及可绕轴转动的左、右辊筒15、16”；附件11还进一步记载了所述的多角振打辊具备如下优点：“当布料在其表面经过，并带动其转动时，其棱角会有规律地击打布料，产生振打效果，使刚刚植于布料上的一些尚未植牢的绒被振脱而上扬，然后再下落，植于布料上，使其立度与密度都有所提高”。由此可见，附件11公开了为击打布料改善植绒产品质量在机架上的织物下方安装一组多角振打辊的技术启示，为了解决同样的技术问题，本领域技术人员容易想到在现有的植绒机上在机架的上部沿织物的运行方向安装多根多角振打辊。

因此，该专利权利要求1保护的技术方案对所属技术领域的技术人员来说是显而易见的，该权利要求不具备实质性特点，不符合《专利法》第22条第3款规定的创造性。

根据上述的事实和理由，本案合议组作出宣告该专利权利要求1无效的决定。

【案例评析】

本案的焦点在于实用新型创造性判断中所涉及的现有技术的数量。

《审查指南2006》第四部分第六章规定：对于实用新型专利而言，一般情况下可以引用一项或者两项现有技术评价其创造性，对于由现有技术通过“简单的叠加”而成的实用新型专利，可以根据情况引用多项现有技术评价其创造性。

有观点认为：根据上述规定，实用新型专利的创造性标准低于发明专利的创造性标准，因此对二者的审查标准应当有所不同。比如在判断现有技术是否存在“技术启示”时，对现有技术的领域和现有技术的数量上的要求均应有所不同；在评价实用新型专利的创造性时，应当参照《审查指南2006》

的上述规定，引用相应数量的对比文件进行审查，不适于用多篇对比文件评价实用新型专利的创造性。

实际上，虽然实用新型专利的创造性高度不及发明专利，但《审查指南2006》中并未禁止使用三项以上的现有技术来评价一项实用新型专利的创造性，其中提到可以引用多项现有技术评价“简单的叠加”而成的实用新型的创造性的情况，无论采用几项现有技术评价创造性，关键在于它们之间的结合是否存在技术启示，以及结合的难易程度。

具体到本案，权利要求 1 和附件 8 存在两点区别：①升降架；②沿织物的运行方向安装多根多角振打辊。本领域技术人员可知，这两点区别技术特征实际所要解决的技术问题分别是：①便于调节植绒框架与织物之间的距离，和②击打布料改善植绒产品质量。附件 10 和附件 11 不仅公开了升降装置以及多角振打辊，并且还具体说明了这些装置的作用。由此可见，所述区别特征为附件 10 和附件 11 中披露的相关技术手段，该技术手段在该对比文件中所起的作用与该区别特征在要求保护的实用新型中为解决该重新确定的技术问题所起的作用相同，因此，本领域的技术人员有动机将附件 8、附件 10 和附件 11 相结合，从而得到权利要求 1 所述的技术方案。

（撰稿人：宋晓晖）

【案例 6－13】专利复审委员会第 13685 号无效宣告请求审查决定简介

专利复审委员会于 2009 年 7 月 17 日作出第 13685 号无效宣告请求审查决定。该决定涉及申请日是 2004 年 4 月 22 日、授权公告日为 2006 年 7 月 19 日、名称为“夹砖器”的 200420150064.1 号实用新型专利。

该专利授权公告的权利要求共 9 项，其中权利要求 1 如下：

“1. 夹砖器，包括两个夹板（1）以及一种驱动装置，两个夹板（1）相对分布，其特征在于，夹板（1）包括基体（11）和夹持体（12），夹持体（12）为一种弹性体，其位于基体（11）上并与驱动装置（2）传动连接。”（图 6－7）

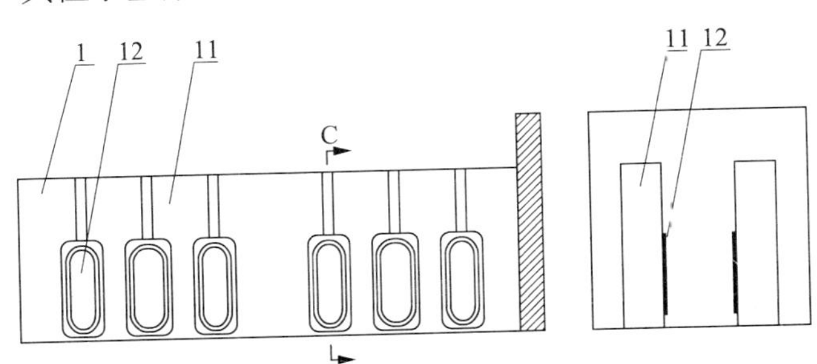

图 6－7　该专利的附图 1 和附图 2

请求人向专利复审委员会提出无效宣告请求，理由之一为：该专利权利要求1～9相对于附件6和附件7的结合不具备创造性。其中请求人提交的附件6和附件7分别为公开日在该专利申请日前的美国专利文献US4687189A和US3716264。

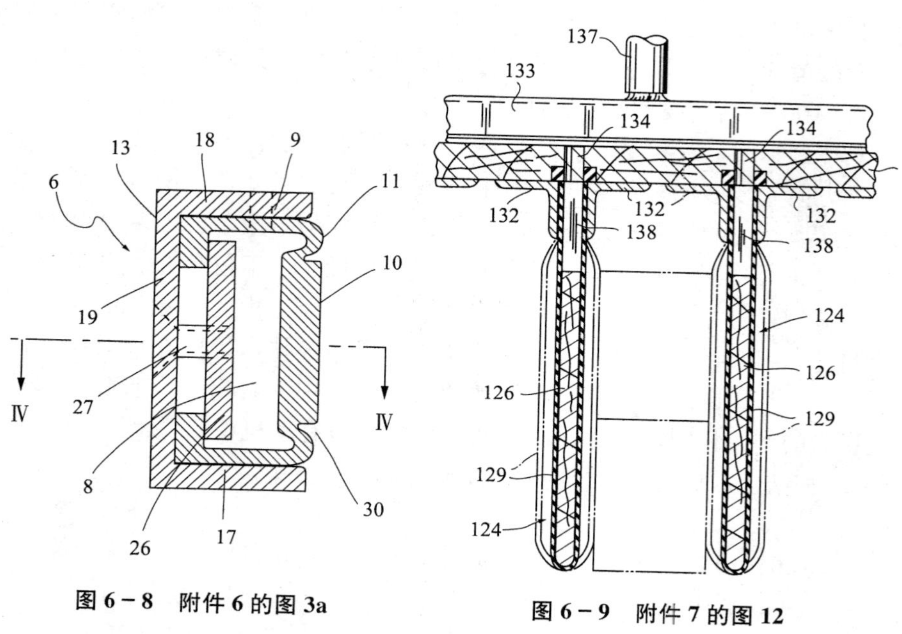

图6－8　附件6的图3a

图6－9　附件7的图12

关于上述无效理由，合议组在第13685号无效决定中认定：该专利权利要求1要求保护一种夹砖器，将附件6（图6－8）公开的内容与其相比，附件6的“支撑板13”和“弹性模塑结构12”分别相当于该专利的“基体”和“夹持体”；附件6的“模塑结构12可以被插入支撑板的长形凹洞中”相当于该专利的夹持体位于基体上；附件6的“带压流体的控制及其出口是一个阀门”用于向弹性模塑结构12的空腔内加压气体，与该专利的“驱动装置”作用相同，并且如请求人所述，为了供应带压流体，驱动装置是必不可少的。由此可知，该专利权利要求1相对于附件6的区别仅在于：①附件6没有明确公开其夹持的工件可以是砖；②附件6没有明确公开其夹持体与驱动装置传动连接。

关于区别②，虽然附件6没有明确公开其夹持体与驱动装置传动连接，但是本领域技术人员为了向附件6的弹性模塑结构12供应带压流体，容易想到将弹性模塑结构12与驱动装置传动连接。关于区别①，附件7（图6－9）

公开了一种夹砖器，由附件7公开的内容可知，附件7中的“支撑构件126和弹性薄板129构成一个充气夹持器”与附件6和该专利相同，均是利用充气的弹性体夹持工件，并且附件6中明确公开了所述夹持元件可用于任何用途的夹持、把持和固定（见附件6译文第5页第7段），由此本领域技术人员在附件7给出了利用充气的弹性体可以夹持砖体的启示下，容易想到使用附件6的短程制动器来夹持砖体，从而得到该专利权利要求1的技术方案，因此该专利权利要求1相对于附件6和附件7的结合不具备创造性，不符合《专利法》第22条第3款的规定。

专利权人认为，附件6与该专利的技术领域不同，一个是短程制动器，一个是夹砖器，没有可比性。对此，合议组认为，附件6公开了一种短程制动器，用于对工件产生一种夹持或保持力，并且还明确公开了所述夹持元件可用于任何用途的夹持、把持和固定，因此，本领域技术人员很容易想到用附件6的短程制动器来夹持砖体，故专利权人的上述主张不成立。

专利权人对本决定不服提起诉讼，一、二审法院均判决维持了专利复审委员会的第13685号决定。

【案例评析】

本案涉及的问题是实用新型专利的相近或相关技术领域中明确技术启示的判断。《审查指南2006》第四部分第六章第4节规定，对于实用新型专利而言，一般着重考虑该实用新型专利所属的技术领域。但是现有技术中给出明确的启示，例如现有技术中有明确的记载，促使本领域的技术人员到相近或者相关的技术领域寻找有关技术手段的，可以考虑其相近或者相关的技术领域。

本案涉及的实用新型专利的目的在于克服现有技术中刚性夹砖器的不足之处，提供一种夹砖牢固、方便的弹性夹砖器，涉及的技术领域是砖的夹持装备或器具。附件6公开了一种短程制动器，用于对工件产生一种夹持或保持力，其目的是提供一种适于对过大压力敏感工件操作的制动器，并且还明确公开了所述夹持元件可用于任何用途的夹持、把持和固定。而该专利中涉及的夹持对象——砖，属于对过大压力敏感的工件。由此可见，附件6不论是从发明目的还是技术方案上均给出了明确的技术启示，本领域技术人员可以将其用于夹砖。

（撰稿人：樊延霞）

【案例6-14】专利复审委员会第23544复审请求审查决定简介

专利复审委员会于2010年5月24日作出第23544复审请求审查决定。该决定涉及申请日为2003年10月6日、公开日为2006年2月15日、名称为“镍合金溅射靶”的第200380108508.3号发明专利申请。

经实质审查，国家知识产权局原审查部门以不符合《专利法》第22条第2款和第3款的规定为由驳回了该申请。驳回决定引用了4篇现有技术文献：对比文件1（JP11080936A）、对比文件2（JP11152592A）、对比文件3（《金属软磁材料及其热处理》，陈国钧等，第40～41页，机械工业出版社，1986年7月）和对比文件4（“溅射靶材的应用及发展趋势”一文，载于《真空》2002年第1期）。

复审请求人（即申请人）对上述驳回决定不服，向专利复审委员会提出了复审请求，并修改了权利要求书。针对修改后的权利要求书，合议组发出复审通知书，指出本案仍不具备创造性。针对复审通知书，复审请求人提交了修改的权利要求书，并陈述了本案具备创造性的理由。合议组据此作出了维持驳回决定的复审决定。

驳回决定针对的权利要求1如下：

“1. 一种栅电极材料用镍-钽合金溅射靶，其特征在于，在镍中含有0.5～10at%的钽，余量为镍，除气体成分以外的不可避免的杂质在10重量ppm以下，氧在10重量ppm以下，氮、氢和碳分别在10重量ppm以下。”

复审请求人认为权利要求1具备创造性的理由集中在杂质含量上，其具体理由是，：对比文件2、对比文件4分别公开了高纯度镍、钽等，没有记载高纯度镍-钽合金；根据制造条件不同，其制造过程中杂质的混入也不同，因此即使作为原料的高纯度的镍、钽在对比文件中被公开，本领域技术人员也不能据此容易得到该申请中所述的高纯度的镍-钽合金。

合议组认为：权利要求1要求保护一种栅电极材料用镍-钽合金溅射靶，将权利要求1中的钽含量（在镍中含有0.5～10at%的钽）换算为占整个合金靶的重量百分比，则其要求保护的钽含量为1.52～23.56wt%，对比文件1公开了一种沉积薄膜的镍合金靶（参见权利要求3，说明书第8段、第16～17段），并具体公开了该靶含钽5.6wt%，其余为镍。由此可见，对比文件1公开的钽和镍的含量均在权利要求1要求保护的含量范围内，且该申请和对比文件1公开的合金靶均能用于溅射成膜。因此，权利要求1与对比文件1的区别在于：①权利要求1限定合金中除气体成分以外的不可避免的杂质在10重量ppm以下；②氧在10重量ppm以下，氮、氢和碳分别在10重量ppm以下。相对于对比文件1，该申请实际要解决的技术问题仅在提高溅射靶纯度，从而提高溅射质量。

对于上述区别技术特征，对比文件4综述了溅射靶材的应用及发展趋势，并公开了其可以应用于集成电路产业（半导体或微电子相关产业）中，溅射靶材可采用多种金属或合金，例如镍合金或钽，并具体公开了“0.25μm 线宽工艺，溅射靶材的化学纯度则必须在 5N（99.999%），甚至 6N（99.9999%）以上”，即公开了本技术领域中对用于溅射的靶材纯度要求很高，其中纯度 5N（99.999%）以上的杂质含量应小于 0.001%，即 10ppm 以下。对于本领域技术人员来说，获得高纯度的溅射靶是其追求的目标，根据对比文件 4 公开的上述内容，本领域技术人员可以了解到，只有使镍合金溅射靶达到一定的纯度才能保证溅射的质量，因此必然会对镍合金溅射靶的纯度提出相应的要求，即对比文件 4 给出了将对比文件 1 的镍合金溅射靶中的杂质限制在 10ppm 以下的技术启示。对比文件 4 还公开了如何抑制溅射过程中微粒的产生，并具体记载了“这些微粒产生的主要原因之一是由于溅射靶材的结构致密性不够，溅射时靶材内部孔隙内存在的气体突然释放所造成的”，即对比文件 4 公开了靶材内的气体对溅射薄膜产生的危害。

对比文件 2 公开了一种高纯度镍的溅射靶，并具体公开了其中的氧含量为 8 重量 ppm，碳在 10 重量 ppm 以下，氢在 1 重量 ppm 以下，氮在 10 重量 ppm；同时，对比文件 2 还公开了将溅射靶中对半导体装置有害的金属杂质的量限制为最小很重要；由于碳或气体组分（例如氧）也能导致溅射过程中颗粒的产生，因此也是不希望的杂质，碳或气体组分的含量也希望为最小。即对比文件 2 也给出了将溅射靶中的杂质以及碳、氧等气体组分的含量限制为最小的技术启示，且对比文件 2 中公开的限制氧、氮、氢和碳含量的作用与其在权利要求 1 中为解决其技术问题所起的作用相同，都是为了提高溅射靶的纯度。

因此，本领域技术人员能够容易想到将对比文件 4 和对比文件 2 公开的上述区别技术特征与对比文件 1 结合。而对于“用于栅电极材料”的用途特征限定并不能表明该申请要求保护的合金靶相对于对比文件 1 公开的合金靶还存在其他的组分和/或结构上的区别。因此，权利要求 1 不具备创造性。

对于复审请求人上述关于杂质含量的意见，合议组经审查后认为：首先，虽然对比文件 2 公开的是高纯度镍溅射靶材，对比文件 4 公开的是钽及其他镍合金溅射靶材，但对比文件 2 和对比文件 4 涉及的均是用于溅射的靶材，与该申请属于相同或相近似的技术领域；其次，对比文件 2 和对比文件 4 已经公开了靶材中杂质（包括气体杂质）的危害以及对其含量的要求，即给出了溅射用靶材的杂质越少越好的技术启示，使用镍-钽合金作为溅射靶是为了提高溅射靶的性能，而杂质的危害依然存在，因此对比文件 2 和对比文件 4 对溅射靶纯度或杂质含量的要求同样适用于对比文件 1 的镍-钽合金溅射靶，据此本领域技术人员容易想到对对比文件 1 中的镍-钽溅靶材中的杂质含量进行控制；最后本领域技术人员也容易想到用于熔融原料的容器材质的选择，且在该申请中也未记载需要经过特殊的处理工序才能达到权利要求 1 限定的杂质含量范围。综上所述，复审请求人的理由均不能成立。

【案例评析】

本案焦点问题是：对于合金产品权利要求中限定的杂质含量应如何考虑。

“杂质”是化学领域专利申请文件中经常遇到的问题，但不同的具体领域对其要求及其对产品的影响也不尽完全相同。例如实验室或工业上使用的化合物中往往都会存在不可避免的杂质，尽管杂质的含量越少越好，但一般情况下当杂质含量低到一定程度时，将不会对化合物的基本性能产生太大的影响。本案属于合金领域，其中引用的对比文件 1 未明确限定各杂质的含量，但由于溅射靶中杂质的存在会带来一些不良影响，对于本领域技术人员来说，获得高纯度的溅射靶是其始终追求的目标。对此，对比文件 2 和对比文件 4 公开了靶材中杂质（包括气体杂质）的危害以及对其含量的要求，即给出了溅射用靶材的杂质越少越好的技术启示，本领域技术人员根据上述启示容易想到对对比文件 1 中的镍-钽溅靶材中的杂质含量进行控制。此外，对比文件 2 和对比文件 4 表明，现有技术已经能够实现本案权利要求 1 中限定的杂质含量程度，该申请中也未记载需要通过非现有或非常规的特殊处理工序才能达到权利要求 1 限定的杂质含量范围，因此，可以认为权利要求 1 限定的杂质含量依据现有技术可以达到其限定的要求。综上，相对于对比文件 1、对比文件 4 和对比文件 2，本案的权利要求 1 不具备创造性。

（撰稿人：李德宝）

第七章　专利文件修改的审查

《专利法》第33条规定："申请人可以对其专利申请文件进行修改，但是，对发明和实用新型专利申请文件的修改不得超出原说明书和权利要求书记载的范围，对外观设计专利申请文件的修改不得超出原图片或者照片表示的范围。"由此可见，《专利法》第33条包含两层含义：第一，申请人有权对其专利申请文件进行修改；第二，申请人对专利申请文件的修改必须受到修改时机、修改方式等方面因素的限制，其中核心内容是关于修改原则的限制，即"对发明和实用新型专利申请文件的修改不得超出原说明书和权利要求书记载的范围，对外观设计专利申请文件的修改不得超出原图片或者照片表示的范围。"

《专利法》之所以允许申请人在提出专利申请后仍然享有对专利申请文件进行修改的权利，主要是因为我国目前对专利权的获得采用先申请原则，即专利权将会被授予最先向国家专利行政部门提出专利申请的人，这就迫使发明人尽可能在发明创造完成伊始就及时提出专利申请，因此，专利申请文件的撰写常常会出现用词不严谨、表述不准确甚至撰写存在错误等缺陷；此外，一项发明专利申请想要获得授权，必须经过专利行政部门的实质审查，在审查过程中审查员可能会针对申请文件提出审查意见，因此，申请人为了克服审查意见中指出的诸如原权利要求未以说明书为依据、未清楚限定要求专利保护的范围或者无新颖性或创造性等缺陷，必须对申请文件进行修改才有可能获得授权。如果不允许专利申请人对专利申请文件进行修改，会给专利申请人苛以极高的要求，这既不符合现实情况，又对专利申请人显失公平。另一方面，从社会公众的角度出发，如果修改超出原专利申请文件记载的范围则可能会影响公众准确地获得专利文献公开的信息，有可能导致申请人通过修改加入新的事项获取不正当利益，妨碍社会公众对法律安定性的信赖利益，并对专利权的稳定性造成影响，不利于专利权的行使。这些都会妨碍专利制度的正常运作，降低专利制度的价值。总之，《专利法》允许申请人在提出专利申请后仍然享有对专利申请文件进行修改的权利，是在充分平衡了专利申请人和社会公众的利益后作出的制度选择。

与此同时，《专利法》又对专利申请文件的修改进行了严格的限制，即“对发明和实用新型专利申请文件的修改不得超出原说明书和权利要求书记载的范围”（由于本书内容不涉及外观设计专利案例，以下内容仅讨论发明和实用新型专利）。允许申请人对其专利申请文件进行修改，同时又不改变原申请日，这就说明《专利法》将修改后的内容视为在原申请日就已经提出，如果允许专利申请人对申请文件所作的修改超出原说明书和权利要求书记载的范围，就会违背我国先申请制原则，导致对其他申请人和社会公众的不公平。因此，专利申请人对申请文件的修改必须受到限制，不符合规定的专利申请将会被驳回。对于《专利法》第 33 条中的“记载的范围”，《审查指南 2006》进一步作了说明：“原说明书和权利要求书记载的范围包括原说明书和权利要求书文字记载的内容和根据原说明书和权利要求书文字记载的内容以及说明书附图能直接地、毫无疑义地确定的内容。”可见，《审查指南 2006》规定“原说明书和权利要求书记载的范围”包括：第一，原说明书和权利要求书文字部分明确表述的内容；第二，根据原说明书和权利要求书文字记载的内容能直接地、毫无疑义地确定的内容；第三，根据原说明书附图能直接地、毫无疑义地确定的内容。实践中，大家对上述第一层次内容的把握意见比较一致，但对于后两个层次的把握往往不尽相同。对何为“直接地、毫无疑义地确定的内容”，应当站在所属领域的技术人员的角度，在充分理解发明内容的基础上，将说明书、权利要求书和说明书附图公开的内容作为一个整体去分析并作出判断，而不应该仅从文字表面出发，机械理解其含义，从而使对修改超范围的判断变为简单的文字游戏。

由于判断申请文件的修改是否“超出了原说明书和权利要求书记载的范围”是一个较为抽象的判断标准，虽然《审查指南 2006》中给出了具体的判断方法和案例，要想充分理解该标准仍然需要通过大量的实际案例去分析。因此，本书的该部分内容选取了专利复审委员会材料申诉处审查实践中有代表性的涉及数值范围和明显笔误的案例进行分析，由此给出对“根据原说明书和权利要求书文字记载的内容以及说明书附图能直接地、毫无疑义地确定的内容”的一些理解和判断方法。

本书中涉及数值范围修改的案例主要是根据实施例记载的特定数值作为修改后数值范围的端点并结合原权利要求书记载的范围进行重新概括。这种情况下，如果所属领域的技术人员从发明实施方案的整体效果出发，认定具体实施例中的特定数值与该实施例中的其他技术特征（权利要求中与之对应的具体特征的上位概念）之间的对应关系是相互紧密联系、一一对应的，那么即使修改的数值范围的端点数值已经明确记载在原说明书的具体实施例中，修改的数值范围也应当认为是不属于根据原说明书和权利要求书文字记载的内容以及说明书附图能直接地、毫无疑义地确定的内容，因此，这种修改不符合《专利法》第33条的规定。

对于明显笔误的修改，《审查指南2006》相关部分规定：修改由所属技术领域的技术人员能够识别出的明显错误，即语法错误、文字错误和打印错误；对这些错误的修改必须是所属技术领域的技术人员能从说明书的整体及上下文看出的唯一的正确答案。可见，《审查指南2006》对明显笔误的修改有着较高的要求，这种修改必须是唯一正确的。但是如果我们在判断明显笔误的修改是否超范围时，仅仅将重点放在"唯一"上，难免会犯形而上学的错误，将技术问题简单地划归为数学问题来判断，会作出很多不切合实际的结论，损害专利申请人的合法利益。因此，对于是否属于明显笔误，应站在本领域的技术人员的角度，从发明目的出发，整体上考虑申请文件的内容，分析申请人撰写的本意和修改此技术特征的意图等，判断对某一技术特征的修改是否应被允许。某些情形下，应要求申请人提供相应的证据。

总之，关于申请文件的修改是否符合《专利法》第33条的规定一直是专利审查的难点，也是专利申请人关注的热点问题。专利复审委员会材料申诉处通过大量实际审理的案例，不断总结和摸索经验，提供了一些值得研究的案例，希望能起到积极的引导作用。

（撰稿人：王冬）

第一节　数值范围的修改

【案例7-1】专利复审委员会第20373号复审请求审查决定简介

专利复审委员会于2009年12月2日作出第20373号复审请求审查决定。该决定涉及申请日为2003年6月27日、名称为"封接加工用无铅玻璃材料和采用它的封接加工品以及封接加工方法"的第03825912.5号发明专利申请。

国家知识产权局原审查部门以权利要求1～9不具备创造性为由驳回了该申请，驳回所针对的权利要求1和权利要求2为：

"1. 一种封接加工用无铅玻璃材料，具有仅由40～75重量%的V_2O_5、0～45重量%的ZnO和10～55重量%的BaO构成的玻璃组成。

"2. 一种封接加工用无铅玻璃材料，具有仅由40～75重量%的V_2O_5、0～45重量%的ZnO和10～55重量%的BaO构成的玻璃组成，相对于100重量份构成所述玻璃组成的氧化物总量，还混合1～60重量份TeO_2和Bi_2O_3的任意一者单独使用或者两者联用。”

复审请求人不服上述驳回决定，向专利复审委员会提出复审请求，并对权利要求进行了修改，修改后的权利要求1为：

“1. 一种封接加工用无铅玻璃材料，具有仅由50～70重量%的V_2O_5、10～20重量%的ZnO和20～30重量%的BaO构成的玻璃组成，并且不包括由60重量%的V_2O_5、20重量%的ZnO和20重量%的BaO构成的玻璃组成。”

复审请求人认为，修改后的各组分含量的数值范围均在修改前的各组分含量的数值范围之内，另外，所排除的玻璃组成为说明书表3中玻璃材料V13的具体组成，因此上述修改并没有超出原说明书和权利要求书记载的范围，符合《专利法》第33条的规定。

针对上述复审请求，专利复审委员会发出复审通知书指出，修改后的权利要求1中将V_2O_5、ZnO和BaO含量的上、下限值根据说明书第23页表3中的玻璃材料V20和V23的具体数值进行了限定，并排除了表3中V13的具体组成，这种修改超出原说明书和权利要求书记载的范围。因为这三种成分与玻璃的性能紧密联系，当其中一种组分含量发生变化时，其余组分的含量也会相应的发生变化，以保证玻璃的最终性能，也就是说一种组分的含量与其他组分的含量相对应，并与玻璃的性能紧密联系。虽然新修改的权利要求1的数值范围在原说明书和权利要求书记载的数值范围之内，但由于上述原因，不能直接地、毫无疑义地确定新修改的权利要求1的数值范围，因此，权利要求1的修改超出了原说明书和权利要求书记载的范围，不符合《专利法》第33条的规定。

针对上述复审通知书，复审请求人再次提交了意见陈述书和权利要求书修改替换页，在权利要求1中将“不包括由60重量%的V_2O_5、20重量%的ZnO和20重量%的BaO构成的玻璃组成”修改为“BaO的含量高于ZnO的含量的玻璃组成”。复审请求人认为，上述修改排除了说明书表3中V13的性能较差的组成，而且是根据实施例的端点值进行修改，而且新的数值范围也是在原数值范围之内，因此符合《专利法》第33条的规定。

针对该复审请求，复审审查决定认为，虽然说明书表3中的玻璃材料V8、V20、V23的玻璃化转变温度为260～265℃，软化点为275～310℃，远低于对比文件2中的玻璃化转变温度为299～370℃，软化点为346～426℃，但是这种概括在原申请文件中没有记载，而且这种概括进一步说明玻璃的性能与其每种组分的比例紧密相关、一一对应：满足“50～70重量%的V_2O_5、10～20重量%的ZnO和20～30重量%的BaO”的玻璃并非都具有良好的性能，例如 V13；而满足“BaO 的含量高于 ZnO 的含量”的玻璃也并非都具有良好的性能，例如 V24、V26；同时满足上述条件的如 V20、V23、V8 有请求人所述的良好效果，而同时不满足上述条件的如 V25 也具有良好的效果。通过上述分析可知，请求人所概括的范围不能由原权利要求书和说明书直接地、毫无疑义地确定得出，因此，权利要求 1 的修改超出了原说明书和权利要求书记载的范围，不符合《专利法》第 33 条的规定。

【案例评析】

对于含有数值范围技术特征的权利要求中数值范围的修改是关于修改超范围问题中一类十分典型的问题，尤其在化学领域更为常见，因此，掌握对该类问题的判断方法显得尤为重要。

通常情况下，对于含有数值范围技术特征的权利要求中数值范围的修改只有在修改后数值范围的两个端值在原说明书和/或权利要求书中已确实记载且修改后的数值范围在原数值范围之内的前提下，才是允许的。例如，权利要求的技术方案中，某温度为 20～90℃，如果发明专利申请的说明书或者权利要求书还记载了 20～90℃范围内的特定值 40℃和 80℃，则允许申请人将权利要求中该温度范围修改成 20～40℃或者 80～90℃。

上面的例子涉及的是权利要求中只含有一个数值范围的情况，但在权利要求中同时含有多个数值范围的情况下，如果对权利要求中数值范围进行修改，不仅应当满足修改后数值范围的两个端值在原说明书和/或权利要求书中已确有记载这样的基本要求，还必须使得所属领域的技术人员从发明实施方案的整体效果出发，能够认定具体实施例中的特定数值与该实施例中的其他技术特征之间的对应关系并非是相互紧密联系、一一对应的，才能认定修改的数值范围属于根据原说明书和权利要求书文字记载的内容以及说明书附图能直接地、毫无疑义地确定的内容。

就本案而言，请求人对于各个独立数值范围的修改都未超出原说明书中各个数值所记载的范围，且权利要求 1 中三种组分的上、下限都是具体实施例端点而且在原来的范围之内。但是，实际上根据本案的权利要求书和说明书可以知道，本案中各个组分的重量比例相互之间是存在关联、相互影响的，互相之间有牵制作用，它们共同对玻璃的性能产生影响，各组分的百分含量相互之间是紧密相关、一一对应的。而请求人根据实施例中的某些特定端点与原权利要求中的数值范围进行组合得到的新的数值范围并不能从原说明书和权利要求书文字记载的内容以及说明书附图能直接地、毫无疑义地确定，因此不符合《专利法》第 33 条的规定。

（撰稿人：王冬　赵潇君）

第二节　明显笔误

【案例 7-2】专利复审委员会第 20275 号复审请求审查决定简介

专利复审委员会于 2009 年 11 月 25 日作出第 20275 号复审请求审查决定。该决定涉及申请日为 2004 年 9 月 28 日、公开日为 2005 年 5 月 18 日、名称为“油包水型乳化柴油”的第 200410012579.X 号发明专利申请。

国家知识产权局原审查部门以该申请的权利要求 1 和说明书的修改不符合《专利法》第 33 条的规定为由驳回了该申请。驳回决定针对的权利要求书如下：

“1. 一种油包水型乳化柴油，其特征在于：各组份的重量比例关系为：失水山梨醇单油酸酯：1.5%～2%，脂肪醇聚氧乙烯醚：0.5%～0.8%，尼凡丁：0.5%～0.9%，无水乙醇：1.8%～2.5%，糠醇：0.5%～0.8%，尿素：0.7%～0.9%，水：15%～20%，其余为柴油。”

驳回决定认为：(1) 申请人将权利要求 1 和说明书中的“无水已醇”改为“无水乙醇”超出了原说明书和权利要求书记载的范围，不符合《专利法》第 33 条的规定。(2) 虽然申请人指出“无水已醇”是“无水乙醇”的笔误，且陈述了“无水已醇”不可能是“无水己醇”的理由，但“已”与“己”字形非常相近，且也存在“无水己醇”这种物质，因此，“无水已醇”既可能是“无水乙醇”的笔误，也可能是“无水己醇”的笔误。根据原申请文件的记载对“无水已醇”的修改是不确定的，并不能唯一确定其是“无水乙醇”的笔误。

申请人（下称请求人）不服上述驳回决定，向专利复审委员会提出复审请求。请求人认为：(1)“无水已醇”不可能是“无水己醇”的笔误，并分别从乙醇和己醇的物理化学性质、用途、制备工艺等方面陈述了意见，例如己醇不溶于水，有毒性，吸入、摄入或经皮肤吸收对身体有害，可致眼睛损害等。(2)“无水已醇”应当是“无水乙醇”的笔误，该申请实施例中记载了“脂肪醇聚氧已烯醚优选 A—20 系列”，而 A—20 系列对应的是脂肪醇聚氧乙烯醚（见附件 4），能够证明“脂肪醇聚氧已烯醚”是“脂肪醇聚氧乙烯醚”的笔误，同样的笔误极可能发生在“无水已醇”和“无水乙醇”之间；并从输入法以及本领域的常规选择等方面陈述了“无水已醇”应当是“无水乙醇”的笔误。

同时，请求人提交了如下附件：

附件1：源自安全文化网（www.AnQuan.com.cn）的网页打印件“1－己醇化学品安全技术说明书”，共4页；

附件2：源自五泰信息咨询网（www.timesprc.com）的网页打印件“正己醇市场调研报告目录”，共2页；

附件3：源自中国糖酒网（www.china8989.com）的网页打印件“食品用香料分类与编码A”，共7页；

附件4：源自天津宏美化工有限公司网站（www.cnhmchem.com）的网页打印件关于“脂肪醇聚氧乙烯醚”等产品的介绍，共2页；

附件6：《化工辞典（第二版）》，王箴主编，化学工业出版社出版，1979年12月第2版第1次印刷，封面页、书名页、版权信息页及第12页、第13页、第112页和第113页，复印件，共5页；

附件7：《溶剂手册（第三版）》，程能林编著，化学工业出版社、材料科学与工程出版中心出版发行，2002年11月第3版第6次印刷，封面页、版权信息页、第345～346页，复印件，共4页。

据此，专利复审委员作出了复审决定。复审决定中认为：（1）根据该申请原说明书的记载，现有的油包水型乳化柴油由于可节约相当于掺水量的柴油，显著减少了排气中有害物质的排放量而备受关注，但现有的油包水型乳化柴油由于组分选取及配比的原因，在储存过程中极易发生水的“爆裂”（即破乳）。该发明的目的在于解决现有的油包水型乳化柴油发生破乳的问题，延长其储存稳定期。其提供了一种油包水型乳化柴油，并在说明书发明内容和实施例中给出了具体的组分和含量。根据整个申请文件记载的内容来看，该发明的发明点在于将已知的各物质按照适当的配比混合进而得到能乳化水和柴油的乳化剂混合物，而现有技术中并不存在“脂肪醇聚氧已烯醚”和“无水已醇”这两种物质，因此，本领域技术人员结合所属技术领域的知识能够判断出“脂肪醇聚氧已烯醚”和“无水已醇”应为文字错误或打印错误。（2）说明书各实施例中记载的内容“其中脂肪醇聚氧己烯醚优选A－20系列产品（天津布鲁兰精细化工有限公司生产）”中给出了“脂肪醇聚氧已烯醚”的系列型号和生产厂家，根据上述信息本领域技术人员能够判断出“脂肪醇聚氧已烯醚”应为本领域中常用作表面活性剂的“脂肪醇聚氧乙烯醚”，即其中的“已”应为其同音字“乙”；而同样对“无水已醇”中的“已”，本领域技术人员首先想到的也应为其同音字“乙”。（3）由于“无水乙醇”具有亲水亲油性，已广泛应于乳化柴油中，在技术上是完全可行的，将其加入该申请的混合物中也是与该申请的发明目的贴合的。（4）虽然“已”和“己”在字形上相近，且现有技术中也存在“无水己醇”这种物质，但如前面的评述，由于“脂肪醇聚氧已烯醚”中的“已”应为“乙”，即同音字输入错误，对于同一篇申请文件中的“无水已醇”中的“已”，本领域技术人员首先想到的也应是同音字输入错误，而不是字形相近输入错误；由于己醇有很强的疏水性，一般对其水溶性的表述均为不溶于水（参见附件2、附件6），在本领域中也很少出现“无水己醇”的表述；另外，己醇本身具有较大的毒性（参见附件1），且其制备工艺复杂，成本或价格较高，在大规模的工业化应用中，即使乙醇和己醇具有相同或相近的作用，本领域技术人员自然会选择价廉易得的乙醇。（5）请求人在答复实质审查阶段的两次审查意见通知书和提出复审请求时也已明确表示“无水已醇”为“无水乙醇”，并陈述了相应的理由，这与本领域技术人员的常规判断相符合。（6）判断某个技术特征的修改是否符合《专利法》第33条的规定，应站在本领域技术人员的角度，必要时应考虑请求人撰写的本意和修改的意图；在本案中，请求人并不是企图通过该修改增加未记载在原权利要求书和说明书中的技术特征或技术方案，以期获得更早的申请日，而是为了消除申请文件中存在的文字缺陷而进行的修改，且请求人对此已作出了相应的、合理的解释。综上所述，本领域技术人员根据原权利要求书和说明书整体及上下文和本领域的常识能够确定权利要求1和说明书中的“无水已醇”应为“无水乙醇”，因此该修改没有超出原权利要求书和说明书记载的范围，符合《专利法》第33条的规定。

【案例7－3】专利复审委员会第11162号复审请求审查决定简介

专利复审委员会于2007年7月2日作出第11162号复审请求审查决定。该决定涉及名称为“石英砂和石英粉的制备与提纯工艺及其产品”的第200410044471.9号发明专利申请。请求人于申请日提交的权利要求1～3和权利要求7内容如下：

“1. 一种石英砂的制备和提纯工艺，是把各类石英原矿—粗选—破碎—初选—焙烧—水碎，经干磨或湿磨后去铁，其特征在于水碎之后，采用草酸或柠檬酸浸—干磨或湿磨—高梯磁磁选—分级—合工艺洗—浮选—去离子水洗—特种干燥—真空包装。

“2. 根据权利要求1所述的石英砂的制备和提纯工艺，其特征在于所述草酸或柠檬酸浸是在1～4吨的粒径为1～10mm颗粒石英中加入100～300mL

草酸或柠檬酸，恒温在40～60℃之间，浸泡0.5～2小时。

“3. 根据权利要求1所述的石英砂的制备和提纯工艺，其特征在于所述合工艺洗是将1～4吨目数不同的石英砂分别置于温控反应釜中的不同层面上，加入200～700mL草酸或柠檬酸，恒温在60～90℃，搅拌反应3～8小时。”

“7. 根据权利要求5所述的石英粉的制备和提纯工艺，其特征在于所述合工艺洗是将1～4吨不同目数的超细石英粉分别置于温控反应釜中的不同层面上，加入150～600mL草酸或柠檬酸，恒温在70～100℃之间，搅拌反应2～8小时。”

针对该申请，国家知识产权局原审查部门发出多次审查意见通知书，指出请求人对权利要求3、权利要求5、权利要求7和说明书中涉及“吨”和“ml”的修改超出原申请文件记载的范围，不符合《专利法》第33条的规定。

针对上述审查意见通知书，请求人对申请文件进行了多次修改，原料与酸的比例由原始公开的“（1～4吨）：（100～300ml）”先后修改成了①“（1～4千克）：（1000～3000ml）”、②“（0.1～0.4千克）：（100～300ml）”和③“（1～4吨）：（100～300L）”三种形式。

在此基础上，国家知识产权局以申请人对说明书的修改超出了原说明书和权利要求书记载的范围为由驳回了该申请。

申请人（下称请求人）对上述驳回决定不服，向专利复审委员会提出复审请求，但在提出复审请求时没有对申请文件进行修改。请求人认为：本领域技术人员能够理解将说明书中“ml”修改为“L”属于改正打印错误，上述修改符合《专利法》第33条的规定。

针对上述复审请求，专利复审委员会作出第11162号复审请求审查决定，认为：请求人于2006年6月21日提交的权利要求书和说明书的修改替换页，将权利要求2、权利要求3、权利要求7以及说明书第4页中草酸或柠檬酸的单位“ml”改成“L”，从而将原始申请中原料与酸的比例由“（1～4吨）：（100～300ml）”改成“（1～4吨）：（100～300L）”。请求人曾经在答复原审查部门通知书时对申请文件进行了多次修改，原料与酸的比例由原始公开的“（1～4吨）：（100～300ml）”先后修改成了①“（1～4千克）：（1000～3000ml）”、②“（0.1～0.4千克）：（100～300ml）”和③“（1～4吨）：（100～300L）”三种形式。换算后，这三种形式给出了两种不同的比例，即①和②的（1000～4000千克）：（1000～3000L）以及③的（1000～4000千克）：（100～300L）。虽然合议组认为原始申请文件中石英颗粒与酸的比例有误，但并不能从原说明书和/或权利要求书中直接地、明确地认定可以将“ml”改为“L”；此外，根据请求人的答复意见及对申请文件的多次修改也可以看出，将上述比例改为合理的比例范围时也存在多种可能，将“ml”改为“L”也只是多种可能中的一种。因此，权利要求书和说明书的上述修改超出了原说明书和权利要求书记载的范围，不符合《专利法》第33条的规定。

【案例评析】

众所周知，我国专利申请文件的平均撰写水平还不是很高，因此，在审查实践中经常会出现申请人对申请文件中存在的所谓“明显笔误”进行修改的情况，而判断上述修改是否属于对“明显笔误”的修改应当充分考虑专利申请所属技术领域的特点，不能脱离本领域技术人员的知识水平。对此，《审查指南2006》第二部分第八章第5.2.2.2节中的第（11）项给出了关于该种情况的判断方法：“修改由所属技术领域的技术人员能够识别出的明显错误，即语法错误、文字错误和打印错误。对这些错误的修改必须是所属技术领域的技术人员能从说明书的整体及上下文看出的唯一的正确答案。”

根据《审查指南2006》的上述规定可知，在判断一项修改是否属于对“明显笔误”的修改时，应当首先判断所述修改是否存在明显错误。而所谓明显错误是指，一旦所属技术领域的技术人员看到，根据原申请文件和公知常识进行客观判断就能立即发现其错误并立即知道如何改正的错误，例如语法错误、文字错误和打印错误以及某些相互矛盾之处；在此基础上，进而考查对这些错误的修改是否是所属技术领域的技术人员能从说明书的整体及上下文看出的唯一的正确答案。

上述两个案例分别从正反两个方面反映了对“明显笔误”修改的两种情形。案例7-2虽然从严格的文字表述上讲，请求人的这种修改并不是唯一的选择，“无水巳醇”有可能是与其字形相似的“无水己醇”也可能是与其读音相同的“无水乙醇”，但是，从本领域技术人员的角度，综合各方面的情况进行分析，可以认为将“无水巳醇”改为“无水乙醇”对本领域技术人员而言是“唯一正确的”，因此，应当认为这种修改符合《专利法》第33条的规定。

案例7-3中本领域技术人员能够立即发现原申请文件中存在明显笔误，但并不能立即知道如何改正该错误，并且请求人为了克服实质审查部门指出的缺陷，对权利要求书和说明书中的相关内容进行了多次修改，并均陈述认为上述修改是正确的。然而，请求人的多次修改中存在多种合理的修改方式，也就证明了上述修改均不是所属技术领域的技术人员能从说明书的整体及上下文看出的唯一的正确答案，因此，本领域技术人员根据说明书的记载无法得出唯一正确的修改方式，也即上述修改超出了原申请文件记载的范围，不符合《专利法》第33条的规定。案例7-3是一件十分典型的由于撰写申请文件出现重大失误而导致不能获得授权的案例，这从另一个侧面体现了申请文件的撰写的重要性。一份好的专利申请不仅需要发明人的创新能力，同样需要专利申请文件撰写者严谨、认真的工作态度和细致的撰写水平。

综上所述，对于是否属于明显错误，应站在本领域技术人员的角度，从发明的目的出发，结合其他部分记载的相关内容，基于申请文件的内容整体考虑，分析申请人的撰写本意和修改此技术特征的意图等，判断对某一技术特征的修改是否应被允许，必要时申请人应提供相应的证据。

（撰稿人：王冬　李德宝）

第八章　证据的审查

在专利复审委员会审理的案件中，有关证据的审查一直是大家关注的核心问题，因为它关系到整个案件的基本事实，与审查结论息息相关。可以说，在大部分案件中，尤其是无效宣告请求案件中，对证据的认定直接决定着案件结论的走向。由于有关证据审查的相关问题在无效宣告请求审查程序中表现得尤为突出，因此，本章中涉及的案例也均为无效宣告请求案例。

关于无效宣告请求案件中证据的审查，《审查指南 2006》根据《专利法》及其实施细则的有关规定，结合无效宣告案件审查实践，在第四部分第八章作出了相关规定。由于专利权被普遍认为是一项重要的民事权利，无效宣告请求审查程序又具有准司法程序的性质，因此，其程序的设置参照我国《民事诉讼法》的相关规定，故《审查指南 2006》进一步规定：无效宣告程序中有关证据的各种问题，适用本指南的规定，本指南没有规定的，可参照人民法院民事诉讼中的相关规定。所述人民法院民事诉讼中的相关规定主要指《最高人民法院关于民事诉讼证据的若干规定》。因此，本章中涉及的案例中有关证据的审查也均适用《审查指南 2006》的相关规定，并参照人民法院民事诉讼中的相关规定。

对于当事人在无效宣告请求审查程序中提交的证据，专利复审委员会通常从“证据的采纳标准”和“证明力”两个方面进行审核。所谓证据的采纳标准是指当事人提交的证据是否符合法律规定的资格，是否应当被裁判者采纳。与我国证据的采纳标准相似，证据资格或者证据能力的概念是大陆法系证据法律制度习惯使用的概念，而在英美法系证据法律制度中，这一问题通常被概括为证据的可采性。无论是大陆法系的证据资格或证据能力概念，还是英美法系的可采性概念，亦或是我国的证据的采纳标准概念，虽然其内涵并不完全相同，但其解决的问题却基本相同，即解决当事人提交的证据是否符合法律规定的资格并具有被采纳的资格。

一般来说，证据的采纳标准只是确定某个证据是否可以在诉讼中被采纳，至于可以被采纳的证据的证明价值有多大，则是证据的采信标准所要解决的问题，即证据的证明力。由于证据资格和证明力的判断是证据审查的两大基本任务，因此证据的采纳标准和采信标准共同构成了完整的采用标准。而这两个标准之间存在严格的区分，前者以价值论为背景，其标准取决于法律的直接规定；后者以认识论为背景，取决于裁判者的认识水平和自由心证，一般不能由法律直接规定。因此，被采纳的证据不一定是采信的证据，具备证据资格的证据不一定是作为定案根据的证据。

根据证据资格的一般理论，《审查指南 2006》规定了审核证据资格的标准：

“合议组对于当事人提交的证据应当逐一进行审查和对全部证据综合进行审查。

合议组应当明确证据与案件事实之间的证明关系，排除不具有关联性的证据。

合议组应当根据案件的具体情况，从以下方面审查证据的合法性：

(1) 证据是否符合法定形式；

(2) 证据的取得是否符合法律、法规的规定；

(3) 是否有影响证据效力的其他违法情形。

合议组应当根据案件的具体情况，从以下方面审查证据的真实性：

(1) 证据是否为原件、原物，复印件、复制品与原件、原物是否相符；

(2) 提供证据的人与当事人是否有利害关系；

(3) 发现证据时的客观环境；

(4) 证据形成的原因和方式；

(5) 证据的内容；

(6) 影响证据真实性的其他因素。”

可见，《审查指南 2006》关于证据资格的审查标准基本沿用了我国民事诉讼中有关证据资格的审查标准，即主要从证据的合法性、真实性和关联性三个方面进行审查，即通常所称的“证据三性”。专利复审委员会一般通过对证据三性的审查来判断当事人提交的证据是否应该被采纳。而在无效宣告请求审查程序中，涉及最多的就是证据的真实性的审查。需要说明的是，此处涉及的证据真实性应当理解为形式上的真实性。也就是说，用于证明案件事实的证据必须在形式上或表面上是真实的，如果是完全虚假或者伪造的证据则不得采纳。至于该证据在实质上的真实性，则属于证据证明力的问题。因此，不能因为一份证据在形式上被认为是真实的，就认定其所证明的事实一定成立，还要结合其证明力的大小以及有没有相反证据等情况，进行综合判断。

在对当事人提交的证据完成证据资格的审查后，一部分不具有证据资格的证据将不被采纳，从而被排除。裁判者必须对予以采纳的证据的证明力大小进行判断，从而得出证据所能证明的事实，进而适用法律得出案件的结论。对证据证明力的判断主要解决以下三个问题：第一，某个证据能够证明什么问题；第二，当证据发生矛盾时，何者证明效力更高；第三，一个案件有哪些证据才能定案；在当今世界绝大部分国家普遍采用证据裁判主义后，对证据证明力的判断被认为属于认识论的范畴，一般不能由法律作出预先规定，而留待裁判者根据内心确信予以自由判断，即所谓自由心证。当然自由心证并非是任意裁判，而是要充分发挥裁判者的主观能动性，围绕证明力所要解决的上述问题进行分析，根据证据裁判原则、心证公开原则、经验法则以及少量的特殊证明力规则在法律赋予的自由裁量范围内进行判断。

为了帮助和约束审查人员对证据的证明力进行认定，《审查指南 2006》对证据的认定作了以下特殊规定：

“对于一方当事人提出的证据，另一方当事人认可或者提出的相反证据不足以反驳的，专利复审委员会可以确认其证明力。

对于一方当事人提出的证据，另一方当事人有异议并提出反驳证据，对方当事人对反驳证据认可的，可以确认反驳证据的证明力。

双方当事人对同一事实分别举出相反的证据，但都没有足够的依据否定对方证据的，专利复审委员会应当结合案件情况，判断一方提供证据的证明力是否明显大于另一方提供证据的证明力，并对证明力较大的证据予以确认。

因证据的证明力无法判断导致争议事实难以认定的，专利复审委员会应当依据举证责任分配的规则作出判定。”

此外，《审查指南 2006》还对证人证言、认可和承认、公知常识以及公证文书的证据认定作了进一步的规定，在此不再赘述。

需要单独说明的是，在无效宣告请求审查程序中，涉及最多的证据即为当事人用以证明涉案专利权利要求保护的技术方案是否为现有技术的证据。在审查一份证据能否作为涉案专利的现有技术时，还必须审查该证据的公开时间以及公开性问题。如果该证据的公开日期晚于涉案专利的申请日，则其不能作为涉案专利的现有技术。那么一份形成于涉案专利申请日之前的证据是否一定构成现有技术呢？答案应当是否定的。因为我们还必须考查该份证据的公开性，即该证据是否能够为公众所知，或者说是否处于为公众所知的状态。如果一份形成于涉案专利申请日之前的证据由于其不能为公众所知，例如处于保密状态下，其仍然不能作为涉案专利的现有技术。因此，对证据公开性和公开日期的判断也是专利复审委员会在审查无效宣告请求案件中的涉及的非常重要的问题。

本章是专利复审委员会材料申诉处在大量的无效宣告请求审查案件中选出的具有代表性的案例。其中“受保密协议约束的证据公开性的认定”“招投标文件”和“网页证据”均涉及证据的公开性的审查，“网页证据”和“产品样本真实性的判断”均涉及到了证据真实性的审查，“公证书证明力”主要涉及单个证据证明力的判断方法，“使用公开的证据证明”则涉及如何综合考虑全案证据进行证据认定，以上案例从不同方面反映了材料申诉处在无效宣告请求案件审理中对证据审核和认定的基本思路和观点，值得进一步研究。

（撰稿人：王冬）

第一节　受保密协议约束的证据公开性的认定

【案例8－1】专利复审委员会第12805号无效宣告请求审查决定简介

专利复审委员会于2009年1月16日作出第12805号无效宣告请求审查决定。该决定涉及申请日为1998年3月20日、授权公告日为2000年7月19日、名称为“一种可同时喷涂管状件内外表面的喷釉系统”的第98100766.X号发明专利。

该专利授权公告的权利要求1如下：

“1. 一种喷釉系统包括：

一内釉料喷枪的釉料供给装置（1），该装置包括至少三台釉料定量供给器和至少三台釉料供给泵；

一外釉料喷枪的釉料供给装置（2），该装置包括至少三台釉料定量供给器和至少三台釉料供给泵；

一内釉料喷枪（3）；

一外釉料喷枪（4）；

一水冷喷釉料室（5），它具有一加热喷射室（57），在所说的加热喷射室（57）内安装一圆环形中频感应加热器（54），所说的内釉料喷枪（3）和外釉料喷枪（4）伸入所说的加热喷射室（57）内；

一内釉料喷枪体（31）的支承装置（6）；

一管状件的支承装置（7）；

一管状件的旋转和移动装置（8）。”

针对该专利，请求人向专利复审委员会提出无效宣告请求，同时提交了如下附件：

附件1：GPJ－2型管道内外壁防腐喷釉机（涂装线）使用说明书复印件；

附件2：玻璃釉管道防腐专用设备制造协议书复印件。

针对上述无效宣告请求，专利权人提交了证据1～15用以证明该专利是协议转让的专利，请求人的前身就是技术转让的受让方。

口头审理中，专利权人和请求人均认为附件1和附件2中所涉及的设备相同，附件1的技术方案与涉案专利权利要求书中要求保护的技术方案相同。

对于附件1和附件2的公开性问题，请求人认为：(1)《审查指南2006》中规定，出版物可以是各种印刷的、打字的纸件，例如技术手册、小册子等，附件1即属于所述技术手册、小册子；(2) 附件1并没有采取任何保密措施，在其上面也没有印"内部发行""注意保密"等特定保密字样；(3) 附件2的协议书并不是请求人和专利权人签订的，而是非专利权人公开了该专利的技术内容，由此，也证明该专利的技术方案在其申请日之前被公开。

专利复审委员会在无效宣告审查决定中主要针对双方当事人争议的焦点——附件1和附件2的公开性进行了论述，其要点包括：

(1) 附件1是否处于保密状态

附件1是北京万紫千红喷釉技术研究所交付给东辛实业开发公司的管道内外壁防腐喷釉机（涂装线）的使用说明书，附件2是由北京万紫千红喷釉技术研究所和东辛实业开发公司签订的玻璃釉管道防腐专用设备制造协议书，附件2第3页第2行写有"以上技术资料和图纸，甲方不得向第三方扩散"，可见附件2中包含有保密条款，其要求协议书甲方"东辛实业开发公司"对于附件1和附件2中涉及的技术资料和图纸不得向第三方扩散。由此，附件1在附件2中保密条款的约束下，处于保密状态，并非处于公众想得知即能得知的状态。

(2) 附件1是否属于专利法意义上的公开出版物

《审查指南2006》第二部分第三章第2.1.3.1节中规定，专利法意义上的"出版物"是指记载有技术或设计内容的独立存在的传播载体，并且应当表明或者有其他证据证明其公开发表或出版的时间。附件1作为使用说明书本身通常不属于正式公开出版物，尽管附件1没有印"内部发行""注意保密"等特定保密字样，但是专利权人和请求人都认同附件1是基于附件2由北京万紫千红喷釉技术研究所提供给东辛实业开发公司的，由于附件2中明确记载有保密条款，因此，即便附件1中没有记载"内部发行""注意保密"等特定保密字样，但是附件1明确受到附件2保密条款的约束，该书面资料并非处于公众想得知即可得知的状态，因此不属于专利法意义上的公开出版物。

(3) 结论

由于附件1和附件2受保密条款的约束，应推定其处于保密状态。附件1封面下部印有的"北京万紫千红喷釉技术研究所1995.7"字样，以及附件2

的签订时间“1995年3月9日”，都只能表明附件1的技术内容和附件2的协议内容在涉案专利的申请日之前已经存在，但并不能证明上述内容已经在该专利的申请日之前公开。综上，附件1不能单独作为本案现有技术用以评价该专利权利要求的新颖性和创造性。附件2中规定甲方负有技术保密义务，因此甲方所获知的附件1所述设备相关技术内容并没有处于公众中任何人想要获知即能获知的状态，故附件1和附件2结合不足以证明其所述设备已在国内公开使用，从而不能用以评价涉案专利权利要求的新颖性和创造性。

【案例评析】

现有技术是新颖性和创造性判断中的一个基本的法律概念。其法律含义来源于《专利法实施细则》第30条规定的“现有技术是指申请日（有优先权的，指优先权日）前在国内外出版物上公开发表、在国内公开使用或者以其他方式为公众所知的技术”（现行《专利法》第22条第5款规定，本法所称现有技术，是指申请日以前在国内外为公众所知的技术）。准确界定现有技术，必须把握两个关键之处，即“申请日以前”和“为公众所知”。其中“申请日以前”是一个时间节点的判断，相对较简单；而对于“为公众所知”在审查实践中却有各种不同的情形。

“为公众所知”（或称“公开”）的认定原则是认定公众中的任何人想要得知该技术就能够得知的状态是否存在。本案涉及的是其中一种典型情况——受保密条款约束的技术是否属于现有技术。

《审查指南2006》第二部分第三章有原则性的规定：“处于保密状态的技术内容不属于现有技术”。然而准确理解上述原则性规定，必须明确如下两个问题：

首先，要确定该项技术是否处于保密状态。《审查指南2006》第二部分第三章明确规定：“所谓保密状态，不仅包括受保密规定或协议约束的情形，还包括社会观念或者商业习惯上被认为应当承担保密义务的情形，即契约保密的情形。”本案属于典型的明示保密的情形。合议组首先基于双方当事人的一致意见认定附件1说明书中涉及的技术内容是基于附件2的相关协议书开发的，二者具有关联性，由此附件1中的内容受到附件2中相关条款的约束，因此当附件2中写有“以上技术资料和图纸，甲方不得向第三方扩散”的保密条款时，可以认定附件1中的技术内容是处于附件2的保密条款的约束之下的，即附件1中的技术内容处于保密状态。

由于处于保密状态的技术一般只有具备特定条件的人才能够获悉其技术内容，并非处于公众中的任何人想要得知该技术就能够得知的状态，因此通常情况下，在申请日（优先权日）前处于保密状态的技术不构成专利法意义上的“为公众所知”。

其次，要明确是否所有受保密约定保护的技术都不构成现有技术。对此，《审查指南2006》第二部分第三章还给出了例外情况：“如果负有保密义务的人违反规定、协议或者默契泄露秘密，导致技术内容公开，使公众能够得知这些技术，这些技术也就构成了现有技术的一部分。”具体到本案中，合议组基于双方已进行的举证情况排除了上述例外情况，从而确定附件1中的技术内容不属于现有技术。

（撰稿人：苑伟康）

第二节　公证书的证明力

【案例8-2】专利复审委员会作出第10343号无效宣告请求审查决定简介

专利复审委员会于2007年8月7日作出第10343号无效宣告请求审查决定。该决定涉及申请日为2003年10月23日、授权公告日为2005年1月19日、名称为“精滤液体过滤片”的第200320114898.2号实用新型专利。

该专利授权公告的权利要求1如下：

“1. 精滤液体过滤片，过滤片有上下过滤外层，内部为中空结构，过滤的中心孔为套接孔，其特征在于上下过滤外层壁上由中心孔处沿径向均匀分布有加强筋，上过滤外层沿垂直方向到下过滤外层连接有加强点。”

2007年1月22日，请求人针对该专利向专利复审委员会提出无效宣告请求，并提交了附件1“山西省交城县公证处于2007年1月9日做出的（2007）交公证字第002号公证书复印件”，其中记载了现场封存过滤片，并注明其附件为交城县酒厂证明复印件一份和1998年10月21日第三联收据复印件一份（但所述封存的过滤片请求人未提交）。请求人认为：附件1能够证明山西省交城县酒厂于1998年10月21日购买使用了秦皇岛华德过滤设备有限公司35mm×400mm过滤片，该过滤片与涉案专利权利要求1技术特征完全一样，因此权利要求1不具备新颖性。

在口头审理中，请求人明确的无效理由、范围和证据的使用方式之一为：权利要求1相对于附件1不符合《专利法》第22条第2款的规定；同时，请求人当庭提交了附件1中公证书的原件以及其中所述封存的过滤片物证1，专利权人对物证1的封存情况无异议，专利权人核实物证标记并予以认可。

合议组经审查后认为：附件1公证书所附附件山西省交城县酒厂出具的证明称“兹证明35mm×400mm过滤片于一九九八年十月二十一日购进使用（滤片为秦皇岛华德过滤设备有限公司，共22片）。”此外，所述收据复印件中记载有 1998 年 10 月 21 日收到山西省交城县酒厂交来过滤片 22 片、单价 1200 元。可见，该证明和收据仅能证明 1998 年 10 月 21 日山西省交城县酒厂向秦皇岛华德过滤设备有限公司购买了 22 片过滤片，但证明和收据中提及的过滤片与封存的过滤片之间缺少一一对应的关系，不能证明物证 1 封存的过滤片就是山西省交城县酒厂于 1998 年 10 月 21 日向秦皇岛华德过滤设备有限公司购买的 22 片滤片之一，因此由上述证明和收据不能得出公证书所证明的“现场封存过滤片为交城县酒厂于一九九八年十月二十一日购进并使用”的结论。而公证书的日期是 2007 年 1 月 9 日，公证员没有经历公证书所述的发生在 1998 年 10 月 21 日的买卖行为，因此该公证书不能证实封存的过滤片是山西省交城县酒厂于 1998 年 10 月 21 日购进的，因此上述公证书的结论明显缺乏依据，该内容不能作为定案的依据。同时，请求人主张物证 1 封存的过滤片表面所刻字样为企业内部管理的标号，不是生产日期，因此封存的过滤片自身也不能证明该过滤片的生产或销售日期早于涉案专利的申请日。由于附件 1 及物证 1 不能证明物证 1 封存的过滤片在该专利的申请日之前销售并使用过，也就不能证明物证 1 封存过滤片的公开日早于该专利的申请日，因此请求人关于权利要求 1 保护的产品已经构成国内公开使用的证据不足，权利要求 1 不符合《专利法》第 22 条第 2 款的无效理由不成立。

【案例评析】

在无效宣告案件的审理中，经常会出现公证书类的证据，对于公证书本身真实性的判断相对比较简单，但对其中所记载的公证内容的真实性往往较难判断。

《最高人民法院关于民事诉讼证据的若干规定》第 77 条规定：“人民法院就数个证据对同一事实的证明力，可以依照下列原则认定：（一）国家机关、社会团体依职权制作的公文书证的证明力一般大于其他书证；（二）物证、档案、鉴定结论、勘验笔录或者经过公证、登记的书证，其证明力一般大于其他书证、视听资料和证人证言；……”上述规定表明，公证书证据具有优于一般证据的证明效力。

对于公证书的认定原则，《民事诉讼法》第 67 条规定：“经过法定程序公证证明的法律行为、法律事实和文书，人民法院应当作为认定事实的依据。但有相反证据足以推翻公证证明的除外。”《审查指南 2006》第四部分第八章第 4.5 节也作出如下规定：“一方当事人将公证文书作为证据提交时，有效公证文书所证明的事实、应当作为认定事实的依据，但有相反证据足以推翻公证证明的除外。如果公证文书的结论明显缺乏依据或者公证文书的内容存在自相矛盾之处，则相应部分的内容不能作为认定案件事实的依据。”由此可见，公证文书作为一类具有较高证明力的证据通常被推定为真实的，但在有相反证据足以推翻其所证明事实的情况下，其推定效力即被否定，其所证明的内容不能作为认定案件事实的依据。同样，如果公证文书的结论明显缺乏依据或者该结论已经超出了其所能证明的范围，则相应部分的内容也不能作为认定案件事实的依据。

涉及使用公开的证据一般比较复杂，往往涉及生产证明、销售证明以及现场取证等，因此证据之间的关联性在判断证据真实性以及是否具有足够证明力的过程中相对比较重要。在审查公证书的关联性时，并不是审查公证书本身与案件待证事实是否具有关联性，而是审查公证书所证明的事实、行为或文书与案件待证事实是否存在关联性。具体到本案中关于公证书所证明的事实，由于公证书公证日期明显晚于买卖行为的发生日期，公证员没有经历公证书所述的发生在1998年10月21日的买卖行为，并且公证书中涉及的双方代理人均不是签署收据的当事人，难以证明现场封存的过滤片为交城县酒厂于1998年10月21日购进并使用的过滤片。此外，封存过滤片本身只有型号，没有标志其生产或销售日期的铭牌，因此不能确定其生产日期或销售日期与涉案专利申请日的关系。因此，公证书中的内容不能证明物证1封存的过滤片在涉案专利的申请日之前销售并使用过，也就不能证明物证1封存过滤片的公开日早于涉案专利的申请日。基于上述理由，合议组认定公证书的结论明显缺乏依据，因此，对其认定的事实不予采信。

本案合议组从公证书和封存物证的对应关系以及公证书公证内容本身的真实性多个方面出发，论证证据真实性，并对公证书证明内容的真实性提出了质疑，有理有据，能够为涉及使用公开的案件中的证据认定提供一定的帮助。

（撰稿人：徐晶晶　王冬）

第三节　招投标文件

【案例8-3】专利复审委员会第12609号无效宣告请求审查决定简介

专利复审委员会于2008年11月10日作出第12609号无效宣告请求审查决定。该决定涉及申请日为2004年8月31日、授权公告日为2006年12月27日、名称为“单元智能燃气脉冲吹灰装置及其控制方法”的第200410057400.2号发明专利，专利权人是北京嘉德兴业科技有限公司（下称嘉德公司）。

针对该专利，请求人向专利复审委员会提出了无效宣告请求，其无效理由为该专利不具备新颖性和创造性。请求人提交了多份证据证明其主张，其中所提交的证据 18 为江苏省无锡市锡城公证处于 2007 年 12 月 11 日做出的（2007）锡证民内字第 3535 号公证书复印件。该证据 18 包括：

附件 18-1：公证书正文复印件；

附件 18-2：标书编号为 UG/B92-CB45-0413 的无锡华光锅炉股份有限公司 2×480t/h 循环流化床锅炉配套吹灰装置招标书的复印件；

附件 18-3：投标单位为嘉德公司的“无锡华光锅炉股份有限公司 2×480t/h 循环流化床锅炉配套吹灰装置投标书”以及图纸，复印件；

附件 18-4：标书编号为 UG/B151-CB90-0506、投标人为嘉德公司的“无锡华光锅炉股份有限公司 670t/h 锅炉燃气脉冲吹灰装置投标文件（商务部分）”的复印件；

附件 18-5：标书编号为 UG/B258-CB184-0708、投标方名称为嘉德公司的“无锡华光锅炉股份有限公司 2×480t/h 超高压 CFB 锅炉脉冲吹灰系统资格证明文件”以及图纸的复印件。

请求人认为，无锡华光锅炉股份有限公司（下称华光公司）的招标属于公开招标，招标文件附件 18-2 自发售之日起就被公开；附件 18-3、附件 18-4、附件 18-5 在开标之后就可以借阅，并且开标后附件 18-3、附件 18-4、附件 18-5 被公示，上述招标文件（附件 18-2）和投标文件（附件 18-3、附件 18-4、附件 18-5）均属于该专利的现有技术。

专利复审委员会经查证认定如下事实：招标方华光公司向社会公开招标，并于 2004 年 4 月 5～7 日公开发售了招标文件（附件 18-2）；投标方嘉德公司参与上述公开招标，并于 2004 年 4 月 12 日向招标方华光公司递交了投标文件（附件 18-3、附件 18-4、附件 18-5）；华光公司于 2004 年 4 月 16 日进行了上述公开招标的开标；上述行为均发生在该专利申请日之前。请求人于 2007 年 12 月 10 日（该专利申请日之后）查阅并复制了上述招标文件和投标文件，并对这一过程进行了公证。

专利复审委员会认定上述招标文件属于该专利的现有技术，主要理由为：招标分为以招标公告的方式邀请不特定的法人或者其他组织投标的公开招标和以投标邀请书的方式邀请特定的法人或者其他组织投标的邀请招标。对于公开招标，按照惯例，招标企业会向社会公开发售招标文件，使其他厂商知晓招标文件的内容，以便确定是否投标。由此，招标文件应自发售之日起处于公众想得知就能得知的状态。华光公司的此次招标行为属于向社会公开招标，因此，社会公众中的任何人均可以通过购买附件 18-2 的招标文件来获知该文件的内容。从而，附件 18-2 自发售之日起，即 2004 年 4 月 5 日就处于公众中任何人想得知就得知的状态。鉴于附件 18－2 的发售时间早于该专利的申请日，所以附件 18－2 可以作为该专利的现有技术。

专利复审委员会认定上述投标文件不属于该专利的现有技术，其主要理由为：第一，通常来说，根据《招标投标法》的相应规定以及商业惯例和诚实信用原则，招标方对投标方投标书中的技术方案负有保密义务，招标方不应将投标方的投标书散发或借阅给其他人，也不应将投标方的技术方案透露给其他人。第二，招标方和投标方作为交易双方，它们之间存在着特定的利益关系。投标方往往需要按照招标人特定的要求制定投标书，投标书中的技术方案是为了招标人的特定要求而设计，其目的主要是为了获得招标人的选择即中标。投标方为了维护自身的利益，一般不会将其投标的设计方案向社会推广或者将其技术方案与社会公众交流，更不会将投标书公开散发或借阅给他人，使投标书中的技术方案公开。虽然请求人主张投标文件在开标后就可以借阅，且开标后都必须公示，并且附件 18－1 中表明了请求人在公证人员的陪同下借出了附件 18－3、附件 18－4、附件 18－5。但合议组认为，《招标投标法》中并未对开标后需要公示投标文件以及公示的内容作出规定，而招标方作为招投标这一商业活动的参与者也不具有提供借阅投标文件的职能。因此在没有其他证据证明的情况下，不能必然得出投标文件的全部内容在开标后公示或可以公开借阅，即处于任何人想得知即可得知的状态。请求人没有提供相应的证据证明在开标后公示了附件 18－3、附件 18－4、附件 18－5 的全部内容；而华光公司作为招投标这一商业活动的参与者并不具有提供借阅服务的职能，且附件 18－1 中的借阅行为发生在 2007 年 12 月 10 日，即该专利申请日之后，也仅是证明了请求人在该专利申请日之后借阅了附件 18－3 至附件 18－5，此外也没有证据表明华光公司在开标后、申请日前曾将投标文件借阅他人。因此，请求人关于附件 18－3、附件 18－4、附件 18－5 在开标之后就可以借阅并且开标后公示的主张不能成立，附件 18－3、附件 18－4、附件 18－5 不能单独作为评价该专利的现有技术。

请求人不服第 12609 号无效宣告请求审查决定中关于投标文件是否属于现有技术的上述认定，起诉至一审法院。一审法院基于与专利复审委员会同样的理由，在一审判决中认定上述投标文件不属于现有技术。

【案例评析】

近年来，与招投标相关的证据频频在专利权无效宣告程序中出现。对于此类证据的公开性，双方当事人常常各执一词，焦点问题在于在涉案专利申请日之前，公开招标过程中发布的招标文件本身是否能构成涉案专利的现有技术，以及公开招标过程中，在涉案专利申请日之前已进行开标的情况下，投标方的投标文件是否构成涉案专利的现有技术。

根据《招标投标法》的规定，招投标过程通常包括招标、投标、开标、评标以及中标五个阶段，招投标文件的公开性以及招投标过程中是否存在导致涉及的技术方案公开的因素，都与招投标过程有着密切的联系。

（1）招标过程

《招标投标法》第 10 条规定，招标分为公开招标和邀请招标。公开招标，是指招标人以招标公告的方式邀请不特定的法人或者其他组织投标。邀请招标，是指招标人以投标邀请书的方式邀请特定的法人或者其他组织投标。《招标投标法》第 16 条规定，招标人采用公开招标方式的，应当发布招标公告。依法必须进行招标的项目的招标公告，应当通过国家指定的报刊、信息网络或者其他媒介发布。招标公告应当载明招标人的名称和地址、招标项目的性质、数量、实施地点和时间以及获取招标文件的办法等事项。由此可见，对于公开招标，招标人通过公开的媒体发布招标公告，使所有符合条件的潜在投标人可以有平等的机会参加投标竞争，招标人择优选择。公开招标的特点：一是投标人没有数量限制；二是招标采用公告的方式，向社会公众明示其招标要求。对于邀请招标，由被邀请的潜在投标人参与竞争，招标人择优选择。邀请招标的特点：一是招标人邀请参与的投标人的数量应当在 3 个以上；二是只有接受投标邀请书的法人或其他组织可参与投标竞争，其他法人或组织无权参与投标。

（2）投标过程

《招标投标法》第 28 条规定，投标人应当在招标文件要求提交投标文件的截止时间前，将投标文件送达投标地点。招标人收到投标文件后，应当签收保存，不得开启。投标文件及其修改、补充的内容都必须以密封的形式送达，招标人签收后必须原样保存，不得开启。对于标底和潜在投标人的名称、数量以及可能影响公平竞争的其他有关招投标的情况，招标人都必须保密。由此可见，《招标投标法》在开标前对投标文件要求保密有着严格的规定，在投标过程中，投标文件属于密封的状态，因此，应当推定投标文件在投标过程中未处于公开的状态。

（3）开标过程

《招标投标法》第 34 条至第 36 条规定，开标应当在招标文件确定的提交投标文件截止时间的同一时间公开进行；开标地点应当为招标文件中预先确定的地点。开标由招标人主持，邀请所有投标人参加。开标时，由投标人或其推选的代表检查投标文件的密封情况，也可由招标人委托公证机构检查并公证；经确认无误后，由工作人员当众拆封，宣读投标人名称、投标价格和投标文件的其他主要内容。招标人在招标文件要求的截止时间前收到的所有投标文件，都应当在开标时当众予以拆封、宣读。开标过程应当记录，并存档备查。

根据上述规定，在开标过程中，被当众宣读的是“投标人名称、投标价格和投标文件的其他主要内容”，并未规定投标文件全部内容被当众宣读，因此，也不能直接推定投标文件的全部内容在开标时处于任何人想得知即可得知的状态。同样，《招标投标法》并未对开标后招标方需要公示投标文件以及公示的内容作出规定，因此，也不能直接推定投标文件的全部内容在开标后为公众所知。

（4）评标过程

《招标投标法》第 37 条规定，评标委员会成员名单在中标结果确定前应当保密。《招标投标法》第 39 条规定，评标委员会可以邀请投标人对投标文件中含义不明确的内容作出必要的澄清或者说明，但澄清或说明不得超出投标文件的范围或改变投标文件的实质性内容。《招标投标法》第 44 条规定，评标委员会成员和参与评标的有关工作人员不得透露对投标文件的评审和比较、中标候选人的推荐情况以及与评标有关的其他情况。

（5）中标过程

确定中标人后，招标人应向中标人发出中标通知书，并同时将中标结果通知所有未中标的投标人。中标通知书对招标人和中标人具有法律效力；中标通知书发出后，招标人改变招标结果的，或者中标人放弃中标项目的，应当依法承担法律责任。招标人和中标人应当自中标通知书发出之日起 30 日内，按照招标文件和招标人的投标文件订立书面合同。招标人和中标人不得再行订立背离合同实质性内容的其他协议。

本案中，招标方华光公司以公告的方式邀请不特定的法人或者其他组织投标，其招标行为属于公开招标。招标方按照法律规定公开了获取招标文件的办法，任何法人或者其他组织均可购买获得招标文件，由此，可以推定，招标文件自发售之日起就已处于公众想得知就能得知的状态；同时，其发售日期在涉案专利申请日之前，故无论是否存在招标文件被购买的事实，都不影响推定公众在该专利申请日之前想得知就能得知该招标文件的状态的存在，因此，该招标文件属于该专利的现有技术。

关于投标文件是否构成现有技术的问题，应当从投标过程进行逐一分析。开标过程是由工作人员当众拆封，宣读投标人名称、投标价格和投标文件的其他主要内容。实践中，开标过程宣读的内容一般不包含投标书的主要技术内容，而仅仅涉及影响中标的价格等内容，因此，该过程也不会导致投标文件被公开。退一步说，即使开标过程宣读了投标书的技术内容，但由于对投标人来说，投标书中的技术内容往往可能涉及投标人研发的新技术，即使其没有中标也不希望该技术被公开，如果为了参加一项招标项目而被迫把自己的新技术进行公开对投标人来说是不公平的，因此，根据诚实信用原则和相关的商业惯例应当认为参加开标过程的相关人员具有保密义务，除非有证据证明事实上有人违反了保密义务公开了投标书的相关内容。

评标过程是相关专家评委对投标文件进行评议的过程，虽然上述专家评委能够获知投标文件的全部内容，但由于他们受到相关法律规定的约束，对上述投标文件的内容必须保密，因此，在此过程中也不会导致上述投标文件的技术内容“为公众所知”。

中标结果产生后，按照惯例，中标的投标人的投标文件由投标方保管，没有中标的投标人的投标书应当退还给投标人，当然也有例外情况。由于对投标人来说，投标书中的技术内容往往可能涉及投标人研发的新技术，在没有申请专利（或者主动公开）从而进入公有技术领域之前其不希望该技术被公开，如果为了参加一项招标项目而被迫把自己的新技术进行公开对投标人来说是不公平的，因此，根据诚实信用原则和相关的商业惯例应当认为保存投标文件的招标人具有保密义务，从而不能将投标书进一步进行传播以使得该技术内容处于为公众所知的状态。因此，在没有证据证明招标方在申请日前违反了保密义务将投标文件公开的情况下，应当认定投标文件在申请日前没有处于“为公众所知”的状态。

综上所述，招投标文件作为一类较为典型的证据在无效宣告请求案件中不断出现，而由于对招投标过程缺乏了解可能使得对这类案件的认定较为困难。本案中专利复审委员会通过对招投标程序的全面了解和分析，作出了具有指导意义的认定，对该类案件的处理具有很强的指导作用。

（撰稿人：王冬　汤元磊）

第四节　网页证据

【案例8－4】专利复审委员会第13525号无效宣告请求审查决定简介

专利复审委员会于2009年6月16日作出第13525号无效宣告请求审查决定。该决定涉及申请日为2007年1月31、授权公告日为2007年12月26日、名称为“一种多用途防潮垫”的第200720010408.2号实用新型专利。

该专利授权公告的权利要求1如下：

“1. 一种多用途防潮垫，具有片状的垫体及设于垫体下部的防潮膜，其特征在于：所述垫体（1）上部具有包覆层（2），该包覆层（2）的表面设有多个凹坑（3）。”

请求人的无效宣告请求理由之一为该专利不符合《专利法》第 22 条第 2 款的规定，同时提交了如下附件：

附件 1：中华人民共和国浙江省金华市公信公证处于 2008 年 9 月 1 日出具的编号为“（2008）浙金公证民字第 281 号”的公证书及其附件原件；

附件 2：所称阿里巴巴和淘宝等网上相关证明补充资料的打印件。

请求人使用附件 1 和附件 2 证明该专利权利要求 1 所述的产品在申请日前就已经进行销售，具体参见附件 1 中的第 8 页、第 9 页、第 19 页、第 22 页、第 23 页、第 24 页、第 27 页和第 28 页中公开的相关文字及图片内容。

经审查，专利复审委员会作出了第 13525 号无效宣告请求审查决定。该决定认为：

（1）附件 1 第 8 页和第 9 页是 http：//bbs. seedit. com/thread－106597－1－1. html 网页的截屏，其中第 8 页下图和第 9 页上图显示了“小冉冉”在播种网上发布的有关于防潮垫的文字介绍，第 9 页下图左侧显示了上述内容“发表于“2006－7－16 16：02”；附件 1 第 19 页是 http：//club. qingdaonews. com/show _ plain. php? topic _ id＝3758896&board _ id＝1067 网页的截屏，显示了“亲亲子涵”在新闻网－青青岛社区上“发表于 2006－08－02 14：11：50”的关于防潮垫的文字介绍，第 22 页、第 23 页是第 19 页下图给出的链接网址中所显示的内容；附件 1 第 27、28 页是 http：//bbs. t56. net/dispbbs. asp? boardID＝41&ID＝168789 网页的截屏，其中第 27 页下图显示了“林夕”在“泰无聊”上发布的有关于防潮垫的实物图以及部分文字介绍，第 28 页上图显示了防潮垫的文字介绍，第 28 页下图左侧显示了上述内容的发表时间是“2006－9－5 16：04：00”。由此可见，附件 1 显示了不同的发布主体均于该专利申请日之前在三个不同网站上发布了有关于防潮垫的内容相同的信息，它们彼此之间相互映证了关于防潮垫的技术内容在该专利申请日之前已经公开，因此，附件 1 中的这三组公开的内容相同的信息可以作为该专利的现有技术使用。

（2）权利要求 1 请求保护一种多用途防潮垫。附件 1 第 27 页、第 28 页中的文字内容及图已经公开了权利要求 1 的全部技术特征，并且解决了相同的技术问题，取得了相同的技术效果，即具有良好的防滑作用，因此，权利要求 1 不具备新颖性。

（3）附件 2 是请求人将自行从网上下载的网页截图经重新编辑加工后形成的文件打印件，合议组经审查后认为，首先无法核实附件 2 的真实性，其次也无法确定该文件中的部分内容在其所发布的网站上的发布时间，故合议组不能接受附件2作为本案在先销售公开的证据使用。

【案例评析】

由于互联网的高速发展，当事人使用从网络上获取的资料作为证据使用的情况也越来越多，网络证据日益成为专利权无效宣告请求审查程序乃至专利法领域的重要证据形式，尤其在证明相应的技术方案在涉案专利申请日以前已公开使用时，请求人经常会提交某些转让或销售网站上的信息作为证据。由于网络证据所具有的数字性、脆弱性和间接性等特点，尤其是网络证据是由二进制代码序转换成的可识别的文字、图片、视频等形式，而二进制代码序列难以被人们直接阅读或感知，因此对其真实性的审核存在很大困难。此外，在复审无效程序中经常要鉴定证据是否构成申请日前的现有技术，由于网络证据的上述性质，网络证据的公开时间认定也是难点之一。

由于网络证据具有不同于传统证据的特性，而我国现行法律、法规对它的适用还没有具体规定，网络证据的可采性、证明力、真实性审核、公开时间的认定等等，不同部门、不同的判断主体都会有不同的做法，导致行政和司法的公正性和统一性很难得到保障，当事人也会无所适从。

但是任何证据都有一个产生、形成的过程，通过考查证据的来源和形成，可以帮助我们认识证据的真实程度。网络证据虽具有数字性、脆弱性和间接性等特点，但是无论网络证据最终以何种形式呈现在裁判人员面前，必然有其特定的来源，它的形成也一般都要经过一个产生、存储、传送和收集的基本过程。通过对网络证据的来源以及网络证据形成过程中的各种因素进行考查，可以帮助我们判断最终形成的网络证据的真实性。

具体到本案，审查决定首先就附件1公证书以及附件2请求人自行打印的网页截图的证据三性进行了判断：《审查指南2006》第四部分第八章第4.5节规定“一方当事人将公证书作为证据提交时，有效公证文书所证明的事实，应当作为认定事实的依据，但有相反证据足以推翻公证证明的除外”，而附件1是由公证机构公证过的公证书，因此，合议组对附件1的真实性予以认可；附件2是请求人将自行从网上下载的网页截图经重新编辑加工后形成的文件打印件，合议组认为，首先无法核实附件2的真实性，其次也无法确定该文件中的部分内容在其所发布的网站上的发布时间，故合议组不能接受附件2作为本案在先销售公开的证据使用。由此可见，公证书保存下来的公证当日的网页截图信息，我们可以认定其为当日信息的真实性，但对其所证明的事实的真实性的判断还需要考虑其他因素。

合议组对公证书中公证的网页截图进行了核查，考虑到虽然这多个网站不是大型具有相对可信资质的网站，但多个不同网站发布了同样的信息，并且在多个论坛多个不同ID发布了相同的信息，在实际中一般不可能存在请求人能同时影响多个网站进行信息更改，因此，合议组运用“高度盖然性”的判断标准得出了如下结论：如果多组在不同网站上发布的信息中所公开的技术内容一致，且这多组信息中所显示的发布时间均在申请日之前，则这多组在不同网站上发布的信息可以相互映证，以证明它们所公开的内容可以作为该专利的现有技术使用，但有证据证明这多组信息的实际发布时间与其所显示的发布时间不同的除外。

综上所述，在考查网络证据的真实性及公开性时，可以从以下几个方面考虑：（1）网络证据的提交形式。对于网络证据的打印件或复印件，通常认定其无法与原件核对，真实性无法认定；对于以公证书形式固定的网络证据，通常认为公证书仅能证明网络证据形式上的真实性，并不能证明网页内容的客观真实。（2）网络证据的来源。对于来源于政府网站或信誉度较高网站的网络证据，通常认为可以确认其真实性；而对于来源于普通商业网站的网络证据，一般认为这些证据修改的随意性和可能性较大，因此对其真实性不予认可，然而在不同网站来源具有相同内容时，可以认定这些网站上载的内容具有真实性。（3）公开时间的认定。对于以公证书形式固定的网络证据，由于公证日往往是在涉案专利的申请日之后，通常认为公证后的网络证据仅能证明在公证书形成之日网页上的有关内容，不能认定申请日前的网页上存在相同内容，因此不能将网络证据证明的事实作为现有技术评价涉案专利的可专利性。然而在确认网络证据本身真实性的基础上，可以将载有公布时间的网络证据上所记载的内容作为现有技术与该专利进行比对。

（撰稿人：宋晓晖）

第五节　产品样本真实性的判断

【案例8-5】专利复审委员会第9465号无效宣告请求审查决定简介

专利复审委员会于2007年1月26日作出第9465号无效宣告请求审查决定。该决定涉及申请日为2004年3月29日、授权公告日为2005年3月2日、名称为“家用中央空调辅助电加热器”的第200420007537.2号实用新型专利。

该专利授权公告的权利要求1如下：

“1. 一种家用中央空调辅助电加热器，它是一种卧式圆柱型的金属壳体，外壳体的上方设有进水口和出水口，在底部有安装底座，其特征在于壳体内设有金属内胆，壳体和内胆之间的保温层中填有保温材料，在内胆的中部焊接有导流隔板，导流隔板的下端与下部的内胆设有通道，在内胆中设置有多根U型电热管，电热管固定在壳体的法兰上并有导线与电源相连，电热管的中间放置有传感器套管，传感器套管内放置有温度传感器和超温保护器，电热管和传感器套管均在同一侧；壳体的法兰上安装有金属安全防护罩，在金属安全防护罩内设有玻璃钢防水绝缘罩，玻璃钢防水绝缘罩内设有电热管固定端子、传感器套管固定端子和接线端子及引线孔，接线端子与温度传感器和超温保护器由导线与温控装置相连接。”

请求人认为该专利权利要求1不符合《专利法》第22条第2款和第3款的规定，其提交的证据包括：

证据1：《户式中央空调辅助电加热器使用说明书》封面、封底、目录页、第1～11页原件；

证据2：

证据2.1：宁波惠康国际工业有限公司河南分公司出具的证明原件；

证据2.2：出卖人为“镇江市东方制冷空调设备配件有限公司”、买受人为“宁波惠康国际工业有限公司河南分公司”的《工业品买卖合同》复印件；

证据2.3：编号为0046363的江苏省镇江市工业企业通用发票复印件；

证据2.4：中国建设银行电汇凭证（回单）复印件；

在本案的口头审理过程中，请求人用证据1和证据2证明证据1说明书所示结构的产品在该专利申请日之前公开使用，该专利权利要求1不具备新颖性。专利权人对证据1的真实性不予认可，认为证据1的说明书第5页中图1的尺寸线上未标注尺寸，图标14的字体与其他图标的字体明显不同，并提交了反证1（《户式中央空调辅助电加热器使用说明书》，镇江市东方制冷空调设备配件有限公司制造，清华同方人工环境有限公司监制）用于否定证据1的真实性。请求人认可专利权人提供的反证1的真实性，但认为证据1说明书中的附图为示意图，有可能不符合机械制图的标准，证据1与反证1属于不同版本。专利权人认为证据2.1为证人证言，但由于出具证言的证人没有出庭质证因而无法核对其真实性。

经审查，合议组认为：证据1为《户式中央空调辅助电加热器使用说明书》原件，封面上印有“镇江市东方制冷空调设备配件有限公司制造”，可见该证据1来源于请求人。经核实，合议组认为证据1存在如下问题：（1）第5页“三、产品结构即尺寸”中的“图1加热器结构图”中，“出水管”与“进水管”之间的尺寸标注线被部件“14”从中间截断，该尺寸线上没有标注尺寸；（2）图标“14.安全阀（6bar）根据客户要求配”的字体与其他图标的字体明显不同；（3）在第6页记载尺寸参数的表一4中指出了尺寸“L1”的具体数值，但在第5页的图1中并没有标注该尺寸“L1”。上述几点均不符合一般工程制图的要求，即使如请求人所主张的该图为示意图，但作为生产厂家提供给使用者的使用说明书，也不应出现证据1中给出了尺寸“L1”的具体数值，但没有在图1中标注出该尺寸“L1”的这种明显瑕疵。并且，专利权人提供的反证1也为《户式中央空调辅助电加热器使用说明书》，请求人认可该反证1的真实性，其封面上也印有“镇江市东方制冷空调设备配件有限公司制造”，可见反证1也来源于请求人，在反证1第5页“三、产品结构即尺寸”中的“图1加热器结构图”中，“出水管”与“进水管”之间的尺寸标注线是连续的，该尺寸线上标注有尺寸“L1”，图标中没有记载部件14，除此之外，反证1中第5页的图1及第6页的表一4分别与证据1第5页的图1及第6页的表一4相同。将反证1与证据1相比较，可明显看出，反证1并不存在证据1中所存在的上述瑕疵。虽然证据2.1为宁波惠康国际工业有限公司河南分公司出具的证明，证明上有“万本平”的签字，证明内容涉及宁波惠康国际工业有限公司河南分公司与镇江市东方制冷空调设备配件有限公司签订合同，所收货物内附有产品说明书，其公司签字确认的说明书即为其中的一本，而且证据1的目录页中盖有“宁波惠康国际工业有限公司河南分公司”的章，并也有“万本平”的签字，但是由于万本平没有出席口头审理接受质证，证人的身份无法核实，也无法得知证言内容是否是其亲历的具体事实，所以无法核实该证明内容的真实性，进而不能证明证据2.1中所述的产品说明书即为证据1，从而证据2.1也不能证明证据1的真实性。由此合议组认为，证据1来源于请求人本身，而证据1本身存在瑕疵，证据2.1也不能证明证据1的真实性，并且专利权人又提出了与证据1相对应的反证1，因此仅凭现有证据尚不足以确认证据1的真实性，合议组对证据1不予采信。

【案例评析】

在专利权无效宣告程序中，无效宣告请求人经常会提交一组证据来证明专利产品在该专利的申请日之前已经被使用公开，而在这类证据中又经常会涉及到用于证明产品结构的产品样本。由于产品样本本身通常具有易于制作、缺少著录项目及版权信息等特点，因此会给合议组在核实产品样本的真实性方面带来困扰。

《审查指南2006》第四部分第八章对如何审查书证的真实性作出了如下规定：

“合议组应当根据案件的具体情况，从以下方面审查书证的真实性：

（1）证据是否为原件，复印件与原件是否相符；

（2）提供证据的人与当事人是否有利害关系；

（3）发现证据时的客观环境；

（4）证据形成的原因和方式；

（5）证据的内容；

（6）影响证据真实性的其他因素。”

具体到本案中，请求人提交的证据 1 是一份产品使用说明书。合议组在对其真实性的认定过程中依据《审查指南 2006》中的上述规定进行综合判断：首先，请求人声称其提交的证据 1 为原件，从证据形式上看能够初步认定其真实性。其次，证据 1 由请求人提供，并且根据证据 1 上的记载，能够确定其系出自请求人本身，因此这将削弱对证据 1 真实性的认定。再次，请求人提交了证据 2，用以证明证据 1 是在执行买卖合同中，随同货物所附的产品使用说明书。但是，由于证据 2 中的证据 2.1 系证人证言，在该证言因证人未出席口头审理而无法进行质证，以及没有其他证据予以佐证的情况下，证据 2.1 的真实性无法得到确认，进而证据 2 无法说明发现证据 1 时的客观环境；同时证据 1 作为一份产品使用说明书，用于说明产品结构及使用方法，其性质类似于产品样本，其上并未记载版权信息，具有易于制作、印刷发行随意性强的特点，因此，该证据的形成原因和方式也不利于对其真实性的认定。此外，从证据 1 的内容上看，其存在着某个图标字体与其他图标字体明显不同、表格中的一个参数在所对应的图中未标注、产品结构图中的尺寸标注线在一处被对应于涉案专利权利要求 1 中某个技术特征的部件截断，这三处不符合机械制图规则的明显瑕疵。最后，专利权人对证据 1 的真实性不予认可，还提交了同样出自请求人且其认可真实性的反证 1，反证 1 的内容对应于证据 1，但并不存在证据 1 中的上述三处瑕疵，因此，相比于证据 1，反证 1 更具有真实性。综合上述各个方面的因素，合议组最终得出了对证据 1 真实性不予认定的结论。

通过对证据 1 的上述分析可见，虽然证据 1 形式上为原件，但其提供者与涉案当事人存在当然的利害关系，没有证据能够说明发现证据 1 的客观环境，该证据本身的形式属于没有版权信息的易于制作、随意性较强的印刷品，其内容又存在着明显的瑕疵，这些均构成了确认其真实性的不利因素。尽管请求人陈述证据 1 中的附图是示意图，并非规范的机械制图，并且与反证 1 属于不同版本，但根据我们的日常生活经验，作为生产厂家提供给消费者或使用者的产品使用说明书，其应当是慎重的，特别是针对涉案专利所要求保护的“家用中央空调辅助电加热器”这样的压力容器，产品使用说明书应当是经过反复校核从而正确无误的，反证 1 也正说明了这一点。出现证据 1 中的上述三处瑕疵是不可思议的，证据 1 与反证 1 属于不同版本之说也因没有相应的证据予以证明而不具备说服力。综上，根据《审查指南 2006》中关于审查证据真实性的上述规定，合议组得出了无法确认证据 1 的真实性进而对其不予采信的结论。

通过上述无效宣告案件，说明了在产品样本真实性的判断中，应根据《审查指南 2006》中关于审查证据真实性的上述规定，进行逐条分析，衡量影响证据真实性的各个因素，同时还可以参考日常生活经验，从证据的各个方面来进行综合考量，进而得出结论。

（撰稿人：刘敏飞）

第九章 其　他

在复审和无效宣告案件中，还经常会涉及实用性、单一性、必要技术特征等法条的审查，以及请求原则、依职权审查原则、听证原则等审查原则的把握。由于本书篇幅所限，故将这些内容纳入本章结合案例进行简要的阐述。

《专利法》第22条第1款规定了授予专利权的申请必须具备新颖性、创造性和实用性，因此实用性是一件专利申请能否被授予专利权的必要条件。当判断一件专利申请能否被授予专利权时，实用性应当是首先考量的，只有在具备了实用性的前提下，才能进一步判断这件申请是否具备新颖性和创造性。判断实用性的实质在于确定以下两点，一是专利涉及的产品或方法是否能够在产业上制造或使用；二是专利涉及的产品或方法是否能够产生积极的效果。一件专利申请只有具备了这两个要件，才可以认为其具备实用性。同时要注意，在实际操作中，以下几种方式通常被认为是不具备实用性的典型情形：（1）专利申请解决技术问题所采用的技术方案不能够重复实施的；（2）专利申请的技术方案违反自然规律的；（3）由自然条件限定的独一无二的产品；（4）出于非治疗的目的，对有生命的人或动物实施的外科手术方法；（5）测量人体或动物体在极限情况下的生理参数的方法。如果一件专利申请属于上述情形之一，那么这件专利申请就不具备实用性。

单一性是复审案件中经常涉及的条款。单一性要求两项或两项以上独立权利要求应当具有相同或相应的特定技术特征，特定技术特征指的是一件专利申请对现有技术作出贡献的那部分技术特征，通常来讲是一件专利申请与最接近现有技术之间的区别。一般地，当两项权利要求具有相同的特定技术特征时，它们之间符合单一性的有关规定。如果两项独立权利要求各自对现有技术作出贡献的那部分技术特征不同，是否意味着这两项权利要求不符合单一性的规定呢？答案是否定的，因为单一性的判断原则还包括两项独立权利要求具有相应的特定技术特征。所谓“相应的技术特征”，是指两个不同的技术特征，但它们是为了解决同一技术问题而采用的两种不同的技术手段（例如采用性质、功能相似的两种不同物质），技术上相互关联。如果两项权利要求具有相应的技术特征，则它们也符合单一性的规定，所以，不能简单地比较独立权利要求间的特定技术特征是否相同，还要考虑这些特定技术特征是否为相应的特定技术特征。值得注意的是，虽然《专利法》第 31 条第 1 款规定了一件专利申请应当符合单一性的要求，亦即，如果一件专利申请不符合单一性的有关规定，则该专利申请不能被授予专利权。但是，权利要求之间缺乏单一性并不会影响已授权专利的有效性，因为《专利法》第 31 条第 1 款并不是无效宣告请求的理由，即使被授予专利权的专利存在单一性的缺陷，也不能据此宣告该专利权无效。所以，在专利复审委员会审理的案件中，仅复审案件会涉及单一性这项条款。

《专利法实施细则》第 21 条第 2 款规定："独立权利要求应当从整体上反映发明或者实用新型的技术方案，记载解决技术问题的必要技术特征。"

《审查指南 2006》第二部分第二章第 3.1.2 节规定，必要技术特征是指，发明或者实用新型为解决其技术问题所不可缺少的技术特征，其总和足以构成发明或者实用新型的技术方案，使之区别于背景技术中所述的其他技术方案。

判断某一技术特征是否为必要技术特征，应当从所要解决的技术问题出发并考虑说明书描述的整体内容，不应简单地将实施例中的技术特征直接认定为必要技术特征。

有观点认为，《专利法实施细则》第 21 条第 2 款规定权利要求必须记载解决技术问题的必要技术特征，能够使专利权利要求的保护范围与其说明书所公开的技术方案相适应，这一观点体现了该条款与《专利法》第 26 条第 4 款关于权利要求书应当以说明书为依据的规定存在竞合。还有观点认为，《专利法实施细则》第 21 条第 2 款规定权利要求必须记载解决技术问题的必要技术特征，能够使得专利权利要求限定的技术方案完整，从而确保其保护范围清楚，这一观点体现了该条款与《专利法实施细则》第 20 条第 1 款关于权利要求书应当清楚的规定存在竞合。

《专利法实施细则》第 21 条第 2 款是一件专利申请要获得授权的实质性条件。上述两种观点均表明，《专利法实施细则》第 21 条第 2 款影响着专利权利要求的保护范围，使得权利要求必须包括解决其技术问题的必要技术特征。换言之，所有解决其技术问题不可缺少的技术特征均必须记载在独立权利要求中。由于独立权要求所限定的一项发明或者实用新型的保护范围最宽，因此，可以说，《专利法实施细则》第 21 条第 2 款对一件专利申请中保护范围最宽权利要求的范围进行了限制。

判断一项权利要求是否缺少必要技术特征，通常首先要确定发明要解决的技术问题，然后基于该技术问题判断某一技术特征是否为必要技术特征，以及该必要技术特征是否记载在权利要求中。

“发明要解决的技术问题”可以是：(1) 说明书中明确记载的技术问题。(2) 通过阅读说明书能够直接确定的技术问题。例如，虽然说明书中没有写明“本发明要解决的技术问题是……”，但是，从申请人在背景技术部分提到的现有技术存在的缺陷，可以判断出发明所要解决的技术问题是克服该现有技术存在的缺陷。(3) 根据说明书记载的技术效果或技术方案能够确定的技术问题。尤其要注意，当说明书记载了某个请求保护的技术方案要解决多个技术问题时，应当如何考虑，后面将结合案例具体阐述。

在判断技术特征是否为必要技术特征时，应当以本领域技术人员为主体，从所要解决的技术问题出发，并考虑说明书描述的整体内容，看哪些技术特征是解决其技术问题所必需而又不是现有技术中已知的，这些技术特征为独立权利要求的必要技术特征。由于所要解决的技术问题通常是说明书背景技术中所述现有技术中存在的问题，而专利说明书背景技术中所述现有技术不能解决该技术问题，因此，包含必要技术特征的上述技术方案与背景技术中所述现有技术也就区分开来。

判断必要技术特征是否记载在权利要求中，重点在于理解“记载”的含义。该“记载”应当既包含明确记载，又包含隐含记载。如果本领域的技术人员根据独立权利要求记载的内容可以确定其必然包含了某一技术特征，则该技术特征已经隐含记载在权利要求中；进一步，若该技术特征为独立权利要求的必要技术特征，则应当认为该独立权利要求并不缺少该必要技术特征。

无效宣告程序是应请求人请求而启动的由平等民事主体参加的准司法程序，应该主要适用民事诉讼程序中的有关制度。例如，《审查指南 2006》中对于无效宣告请求人的主体资格就规定了请求人不具备民事诉讼主体资格的其无效宣告请求不予受理，因此在确定无效宣告请求人主体资格时，要依《民事诉讼法》中有关诉讼主体资格的相应规定来判断。

同时，由于复审程序和无效宣告程序都是典型的行政程序，为了保护公众及社会公共利益，得到有意义的结论，保护真正对社会有贡献的发明创造，在某些方面需要专利复审委员会依职权进行审查。即在有些情形下，专利复审委员会审理案件时并不严格局限于无效宣告请求人所提出的无效宣告理由及证据，可以不受无效宣告理由和证据的限制而对所审查的案件依职权进行审查，这充分体现了复审程序和无效宣告程序鲜明的行政色彩。

第一节　无效宣告程序中当事人主体资格的认定

【案例 9-1】专利复审委员会第 8359 号无效宣告请求审查决定简介

专利复审委员会于 2006 年 5 月 31 日作出第 8359 号无效宣告请求审查决定。该决定涉及申请日为 1999 年 5 月 14 日、授权公告日为 2003 年 6 月 25 日、名称为“用冲击压实进行混凝土道路更新的方法”的第 99107324.X 号发明专利。

针对该专利，专利复审委员会曾于 2004 年 4 月 19 日作出第 6015 号无效宣告请求审查决定，宣告该专利的权利要求 2、权利要求 3 中引用权利要求 2 的技术方案无效，在权利要求 1 和权利要求 3 中引用权利要求 1 的技术方案的基础上维持该专利继续有效。该审查决定已经生效。

针对该专利维持有效的权利要求，厦门厦工机械施工有限公司（下称第一请求人）和三明重工机械施工有限公司（下称第二请求人）分别于 2004 年 5 月 24 日和 2004 年 7 月 26 日向专利复审委员会提出无效宣告请求。专利复审委员会于 2005 年 9 月 13 日举行口头审理，专利权人、第一请求人和第二请求人均出席了口头审理。

在口头审理中，专利权人和第二请求人针对第二请求人的主体资格发生争议。专利权人和第二请求人均认可，三明重工机械施工有限公司于 2004 年 11 月 30 日被工商局吊销营业执照。第二请求人认为，三明重工机械施工有限公司在本案中的权利和义务由三明重工机械施工有限公司清算小组继受，并提交了成立公司解散清算小组的股东会议决议、清算小组组成成员的决定、启用清算小组公章的决定。专利权人认为，启用清算小组公章的决定中的日期没有月份，因此无效。

口头审理结束后，专利权人于 2005 年 9 月 26 日针对上述争议提交了意见陈述书，并补充提交文件 2～9。其中，文件 3～6 分别为：

文件 3：厦门厦工机械施工有限公司会计报表附注（2003 年度）复印件；

文件 4：厦门厦工集团有限公司 2003 年 12 月 10 日给厦工集团三明重型机器有限公司关于其入股厦门厦工机械施工有限公司的函的复印件；

文件 5：厦门厦工集团有限公司向安徽省合宁高速公路改建工程指挥部出具的停止三明重工机械施工有限公司对外业务的证明复印件；

文件 6：三明重工机械施工有限公司向安徽省合宁高速公路改建工程指挥部出具的该公司停止对外业务的证明复印件。

专利权人认为：文件3表明，三明重型机械施工有限公司已经于2003年12月31日并入厦门厦工机械施工有限公司；文件4证明，第二请求人的母公司三明重型机器有限公司与厦门厦工机械施工有限公司重组；文件5和文件6证明，自2003年10月1日起三明重工机械施工有限公司停止对外业务，由厦门厦工机械施工有限公司收购原三明重工机械施工有限公司的资产。上述文件证明第二请求人的主体资格不合法。

针对专利权人的上述意见陈述书及所附的文件，第二请求人于2006年1月19日提交了意见陈述书和两份附件，即最高人民法院“法经（2004）23号函”和“法经（2004）24号函”。第二请求人认为，以上两份附件证明，企业被吊销营业执照后至被注销登记前，该企业法人仍视为存续，可以自己的名义进行诉讼活动。

合议组作出第8359号无效宣告请求审查决定，其中对第二请求人的主体资格进行了如下认定：

第二请求人向专利复审委员会提出无效宣告请求的日期是2004年7月26日，而第二请求人被工商局吊销营业执照的日期是2004年11月30日，在提出无效宣告请求时，第二请求人的主体资格是合法的。企业被吊销营业执照后，其营业资格被取消，但是其法人资格仍然存在，只有在企业被注销的情况下其法人资格才丧失。因没有证据表明第二请求人被工商部门注销，因此合议组认为第二请求人在本次无效宣告请求中的资格是合法的。

专利权人不服上述无效宣告请求审查决定，向一审法院提起行政诉讼。一审判决中对于三明重工机械施工有限公司（以下简称三明公司）作为无效宣告请求人的主体资格问题作了如下认定：首先，三明公司针对本案专利提出无效宣告请求时，并未被相关工商行政管理部门吊销营业执照，其作为无效宣告请求人的主体资格合法有效。其次，吊销企业法人营业执照，是工商行政管理部门依照国家工商行政管理法规对违法的企业法人作出的一种行政处罚。企业法人在被吊销营业执照后未注销登记前，虽然丧失经营资格，但其法人资格仍然存续。本案中，虽然三明公司在无效宣告行政程序中被吊销营业执照，但其法人资格仍然存续。因其针对本案专利提出无效宣告请求并非经营行为，故其作为无效宣告请求人的主体资格并未消亡，专利复审委员会认定三明公司在本次无效宣告请求中的主体资格合法并无不当。

【案例评析】

本案主要涉及如何认定被吊销营业执照后的企业法人的民事诉讼主体资格。

《专利法》第45条规定：“自国务院专利行政部门公告授予专利权之日

起，任何单位或个人认为该专利的授予不符合本法有关规定的，可以请求专利复审委员会宣告该专利权无效。”

《审查指南 2006》第四部分第三章第 3.2 节规定，请求人不具备民事诉讼主体资格的，其无效宣告请求不予受理。

根据《民事诉讼法》第 49 条规定，公民、法人和其他组织可以作为民事诉讼的当事人。

关于企业法人被吊销营业执照后是否还具备民事诉讼主体资格，最高人民法院在“法经〔2000〕23 号函”和“法经〔2000〕24 号函”中曾作出明确认定：“吊销企业法人营业执照，是工商行政管理机关依据国家工商行政法规对违法的企业法人作出的一种行政处罚。企业法人被吊销营业执照后，应当依法进行清算，清算程序结束并办理工商注销登记后，该企业法人才归于消灭。”由此可知，企业法人在被吊销营业执照至办理工商注销登记的期间内，虽然丧失经营资格，但其法人资格仍然存续。所以，判断企业法人被吊销营业执照后是否还具备提出无效宣告请求的主体资格时，应确定被吊销营业执照的企业是否已办理工商注销登记，以及办理注销登记的时间；如果被吊销营业执照后的企业未办理工商注销登记，其法人资格仍然存续。因针对专利权提出无效宣告请求并非经营行为，其作为无效宣告请求人的主体资格合法有效。

（撰稿人：何苗）

第二节　依职权审查原则的适用

【案例 9-2】专利复审委员会第 12965 号无效宣告请求审查决定简介

专利复审委员会于 2009 年 3 月 3 日作出第 12965 号无效宣告请求审查决定。该决定涉及申请日为 2007 年 1 月 30 日、授权公告日为 2008 年 1 月 2 日、名称为“真空超导暖气片”的第 200720002868.0 号实用新型专利。该专利授权公告的权利要求书包括权利要求 1～3。

针对该专利，吴维一（下称请求人）于 2008 年 9 月 3 日向专利复审委员会提出无效宣告请求。请求人依据附件 2 认为该专利不符合《专利法》第 9 条的规定。

在本案口头审理中，合议组释明了《专利法》第 9 条与第 22 条第 2 款的法条含义，请求人明确放弃上述权利要求 1～3 不符合《专利法》第 9 条规定的无效宣告理由，将无效宣告理由变更为：该专利的权利要求 1～3 相对于附件 2 不符合《专利法》第 22 条第 2 款关于新颖性的规定。合议组除了就该专利权利要求1～3是否符合《专利法》第22条第2款的规定进行调查外，还依职权对权利要求3是否符合《专利法实施细则》第20条第1款的规定进行了调查。请求人认为权利要求3的保护范围无法确定，并具体说明了相应的理由。

口头审理结束后，专利复审委员会于2009年1月14日发出无效宣告请求审查通知书，将口头审理记录表附本转送给专利权人，并要求专利权人在指定期限内，针对请求人的上述主张以及合议组依职权引入的关于权利要求3是否符合《专利法实施细则》第20条第1款规定的无效宣告理由具体陈述意见。

针对上述无效宣告请求审查通知书，专利权人于2009年2月10日提交了答复意见，认为该专利权利要求1和权利要求2具备新颖性，权利要求3的保护范围清楚。

专利复审委员会经审查后作出第12965号无效宣告请求审查决定，认定权利要求1和权利要求2不具备《专利法》第22条第2款规定的新颖性，权利要求3不符合《专利法实施细则》第20条第1款的规定，宣告该专利全部无效。

【案例评析】

本案的焦点问题是：合议组是否应当依职权引入权利要求3不符合《专利法实施细则》第20条第1款规定的无效理由，以及依职权审查原则、请求原则与听证原则之间的关系。

请求原则和依职权审查原则是专利复审委员会审理无效宣告案件时遵循的重要原则，它们共同保证了无效宣告程序的顺利进行。

请求原则是指无效宣告程序的启动基于当事人的请求，审查涉及的范围、理由和证据由当事人提出。依职权审查原则是指专利复审委员会可以对所审查的案件依职权进行审查，而不完全受当事人提交的证据、提出的主张的限制。依职权审查原则主要包括以下内容：（1）依职权引入请求人未提及的无效宣告理由；（2）依职权调查取证；（3）依职权认定及引入公知常识；（4）依职权要求当事人对其主张的事实补充证据。

请求原则在无效宣告程序中具有基础性、主导性的作用。没有当事人的请求，无效宣告程序就失去了启动的基础。专利权属于一种私权，同时其对社会的公共利益又具有很大的影响。为了平衡私权与公共利益之间的关系，在一定程度上赋予专利复审委员会主动审查的权利是必要的，依职权审查原则作为请求原则必要的补充，发挥着请求原则所不能起到的作用。正确把握两者的关系并合理运用将对审查效率及审查结果具有决定性的影响，而正确把握两者的关系实质上就是该不该以及什么情况下可以适用依职权审查原则。

《审查指南2006》第四部分第三章第4.1节规定，专利复审委员会在下述情形可以依职权进行审查：(1) 请求人提出的无效宣告理由明显与其提交的证据不相对应的，专利复审委员会可以告知其有关法律规定的含义，并允许其变更为相对应的无效宣告理由。例如，在请求人提交的证据为他人在专利申请日前申请并在专利申请日后公开的中国外观设计专利文件，而无效宣告理由为不符合《专利法》第23条的情形下，专利复审委员会可以告知请求人《专利法》第23条和第9条的含义并允许其将无效宣告理由变更为该专利不符合《专利法》第9条。(2) 专利权存在请求人未提及的缺陷而导致无法针对请求人提出的无效宣告理由进行审查的，专利复审委员会可以依职权针对专利权的上述缺陷引入相关无效宣告理由并进行审查。例如，无效宣告理由为独立权利要求1不具备创造性，但该权利要求因不清楚而无法确定其保护范围，从而不存在审查创造性的基础的情形下，专利复审委员会可以引入涉及《专利法实施细则》第20条第1款的无效宣告理由并进行审查。

本案中，专利复审委员会依职权进行了审查：(1) 请求人在提出无效宣告请求时使用他人在先申请在后公告的中国专利文献（附件2）作为证据，认为该专利不符合《专利法》第9条的规定。口头审理时，在合议组释明《专利法》第9条和第22条第2款的法条含义后，请求人将其无效宣告理由变更为权利要求1～3相对于附件2不具备新颖性，专利复审委员会应予允许。(2) 请求人的无效宣告理由仅涉及权利要求1～3相对于附件2不具备新颖性，然而合议组经审查后发现，权利要求3存在保护范围不清楚的缺陷，无法针对请求人提出的新颖性的理由进行审查，因此专利复审委员会可以依职权引入权利要求3不符合《专利法实施细则》第20条第1款规定的无效宣告理由。

但是，在根据相关规定依职权进行审查的同时，要注意满足听证原则。例如本案中，在专利权人未出席口头审理的情况下，专利复审委员会于口头审理结束后发出无效宣告请求审查通知书，将记录有依职权审查内容的口头审理记录表附本转送给专利权人，并要求专利权人在指定期限内答复，针对请求人的主张以及合议组依职权引入的关于权利要求3是否符合《专利法实施细则》第20条第1款规定的无效宣告理由具体陈述意见，就充分体现了这一点。

（撰稿人：宋晓晖）

第三节 单一性中相应特定技术特征的判断

【案例 9-3】专利复审委员会第12227号复审请求审查决定简介

专利复审委员会于2007年12月13日作出第12227号复审请求审查决定。该决定涉及申请日为1999年12月3日、公开日为2000年6月14日、名称为“可橡皮擦除的水性墨水和使用该墨水的书写材料”的第99125562.3号发明专利申请。

驳回决定所针对的权利要求1和权利要求14分别为：

“1. 一种用于书写材料组合物的可橡皮擦除的水性墨水，其包括水、水溶性极性溶剂和颗粒状粘性着色树脂，所述颗粒状粘性着色树脂包括颜料和粘性树脂，而且其至少一部分表面是粘性的，该颗粒状粘性着色树脂的粒径分布是粒径在2～20μm范围内的颗粒的量占所有颗粒重量的70％以上。”

“14. 一种用于书写材料组合物的可橡皮擦除的水性墨水，其包括颗粒状粘性树脂、水、水溶性极性试剂和包含颜料的颗粒状着色树脂，所述颗粒状着色树脂和颗粒状粘性树脂的粒径分布分别是粒径在2～20μm范围内的颗粒的量占相应颗粒所有重量的70％以上。”

驳回决定认为：虽然权利要求1、权利要求14之间具备共同的表述“粒径分布是粒径在2～20μm范围内的颗粒的量占所有颗粒重量的70％以上”，但是所述粒径分布的表征对象不同，不包含表征对象的粒径分布描述不足以构成使该发明相对于现有技术具备新颖性和创造性的完整的特定技术特征；即使将包含表征对象的粒径分布特征作为相应权利要求的特定技术特征，例如权利要求1的“该颗粒状粘性着色树脂的粒径分布是粒径在2～20μm范围内的颗粒的量占所有颗粒重量的70％以上”和权利要求14的“所述颗粒状着色树脂和颗粒状粘性树脂的粒径分布分别是粒径在2～20μm范围内的颗粒的量占相应颗粒所有重量的70％以上”，但由于“颗粒状粘性着色树脂”和“颗粒状粘性树脂及颗粒状着色树脂”属于完全不同的特征，在“颗粒状树脂”的概念上出现两种完全不同的分支，涉及解决该发明问题的两种完全不同的技术方案，本领域普通技术人员完全不能在其中一种情形的基础上设想到另一情形，因此，这两项特定技术特征也不能被认为是相同或相应的特定技术特征，权利要求1、权利要求14不具备单一性。

复审请求人不服上述驳回决定，于2004年12月24日向专利复审委员会提交了复审请求，未对申请文件进行修改。复审请求人的主要理由为：(1) 从该申请对现有技术的贡献来说，现有技术已经公开了使用“颗粒状粘性着色树脂”或“颗粒状粘性树脂及颗粒状着色树脂”的技术方案，该申请对现有技术的贡献在于所使用的颗粒状粘性着色树脂或颗粒状粘性树脂及颗粒状着色树脂的“粒径分布是粒径在 2～20μm 范围内的颗粒的量占所有颗粒重量的 70%以上”；因此，权利要求 1、权利要求 14 具有相同的特定技术特征“粒径分布是粒径在 2～20μm 范围内的颗粒的量占所有颗粒重量的 70%以上”。(2) 退一步讲，即使认为权利要求 1 和权利要求 14 的特定技术特征分别是颗粒状粘性着色树脂的粒径分布，以及颗粒状粘性树脂及颗粒状着色树脂的粒径分布，它们也应被认为是相应的特定技术特征，因为该申请说明书已经指出“颗粒状粘性着色树脂本身具有两种功能，即粘合和着色功能”，本领域技术人员阅读说明书后应能知道“颗粒状粘性着色树脂”和“颗粒状粘性树脂及颗粒状着色树脂”具有相同的功能，在实施权利要求 1 的技术方案时可以联想到颗粒状粘性树脂和颗粒状着色树脂，因此权利要求 1 和权利要求 14 属于一个总的发明构思，在技术上相互关联。

专利复审委员会经审查后认为：如果某种用途的产品在现有技术中存在着两种不同但近似的技术方案，这两种方案中形成某作用的成分是相类似的，如果发明人发现上述两种方案中具有所述作用的成分当其物理尺寸限定在一特定范围内时，产品某方面的性能直接得到改善，从而解决了现有的两种方案中存在的同样的技术问题，那么基于上述两种不同现有技术、包含了上述相应成分的尺寸限定的两项独立权利要求，它们解决的技术问题相同，且作用机理相同，则该两项权利要求之间具有相应的特定技术特征，属于一个总的发明构思，具有单一性，符合《专利法》第 31 条第 1 款的规定。

就本案而言，该申请独立权利要求 1 和权利要求 14 各自要求保护用于书写材料组合物的可橡皮擦除的水性墨水，根据该申请说明书对背景技术部分的描述可知，权利要求 1 和权利要求 14 对现有技术作出的贡献并不在于选择组分，而在于确定了具备某些特定性能的组分的粒径分布范围，即权利要求 1 的特定技术特征是“颗粒状粘性着色树脂的粒径分布是粒径在 2～20μm 范围内的颗粒的量占所有颗粒重量的 70%以上”，权利要求 14 的特定技术特征是“颗粒状着色树脂和颗粒状粘性树脂的粒径分布分别是粒径在 2～20μm 范围内的颗粒的量占相应颗粒所有重量的 70%以上”。这两个特定技术特征体现了技术上的相互关联，使得权利要求 1 和权利要求 14 对现有技术作出的贡献存在相互对应性。因此，合议组经综合考虑，认为相对于该申请所记载的和原审查部门检索报告所列的现有技术的内容，可以认定权利要求 1 和权利要求 14 的特定技术特征是相应的，二者属于一个总的发明构思，符合《专利法》第 31 条第 1 款的规定。

【案例评析】

本案的焦点问题是：在审查发明专利申请的单一性时，如何界定不同权利要求的不同特定技术特征之间是否属于相应的特定技术特征。

在判断技术特征之间是否属于相应的特定技术特征时需要考虑多方面的因素。通常，相应的特定技术特征存在于不同的发明中，它们或者能够使不同的发明相互配合，解决相关联的技术问题；或者性质类似可以相互替代，解决相同的技术问题。本案属于后一情形。在考虑单一性时，应重点关注技术特征对于现有技术的贡献、技术特征之间是否有技术上的关联，以及是否能解决相同的技术问题。

本案中，权利要求 1 和权利要求 14 中对现有技术作出贡献的特定技术特征分别为“颗粒状粘性着色树脂的粒径分布是粒径在 2～20μm 范围内的颗粒的量占所有颗粒重量的 70％以上”和“颗粒状着色树脂和颗粒状粘性树脂的粒径分布分别是粒径在 2～20μm 范围内的颗粒的量占相应颗粒所有重量的 70％以上”。对于这两个技术特征而言：首先，两特征所述的颗粒“颗粒状粘性着色树脂”和“颗粒状粘性树脂和颗粒状着色树脂”均是为了提供粘性和着色功能，所属技术领域的技术人员根据本领域知识即可预见它们对于要求保护的技术方案来说是作用、功能或效果相同或相似的一类物质，而且它们各自的粒径分布也均满足每种颗粒中的粒径在 2～20um 范围内的颗粒量占所有重量的 70％以上的条件，体现了技术上的相互关联，使得权利要求 1 和权利要求 14 对现有技术作出的贡献存在相互对应性；其次，根据该申请说明书的描述，请求人提出上述两项技术方案实质上出于解决相同技术问题；最后，还应考虑现有技术，根据现有技术可知，该专利权利要求 1 和权利要求 14 对现有技术作出的贡献并不在于选择组分，而在于确定了具备某些特定性能的组分的粒径分布范围，即权利要求 1 的特定技术特征是“颗粒状粘性着色树脂的粒径分布是粒径在 2～20μm 范围内的颗粒的量占所有颗粒重量的 70％以上”，权利要求 14 的特定技术特征是“颗粒状着色树脂和颗粒状粘性树脂的粒径分布分别是粒径在 2～20μm 范围内的颗粒的量占相应颗粒所有重量的 70％以上”。因此，应当认为权利要求 1 和权利要求 14 的特定技术特征是相应的，二者属于一个总的发明构思，符合《专利法》第 31 条第 1 款的规定。

（撰稿人：赵锴）

第四节 实用性的判断

【案例 9－4】专利复审委员会第 9917 号无效宣告请求审查决定简介

专利复审委员会于2007年6月1日作出第9917号无效宣告请求审查决定。该决定涉及申请日为1996年12月31日、授权公告日为1999年12月29日、名称为“高保险叶片门锁及其制造方法与应用”的第96119717.X号发明专利。

该专利授权公告的权利要求3为：

“3. 一种高保险叶片锁，它包括锁芯和叶片，其特征是锁芯的至少一个叶片孔或格里，装有至少三片叶片；或锁芯的至少一个叶片孔或格里，装有至少两片叶片，两叶片可共一弹簧，或至少有两个相对运动的叶片或至少有一片叶片带防掏缺口。”

针对该专利，请求人于2006年9月25日向专利复审委员会提出无效宣告请求。请求人认为，该专利权利要求3的一个技术方案中包含技术特征“一个叶片格里可以装三个叶片”，而三个叶片中则至少需要两个弹簧来控制，但是无论两个弹簧或三个弹簧在工业上使用时其可靠性不能保证；权利要求3的另一个技术方案中包含技术特征“两个叶片共用一个弹簧”，在这种情况下弹簧可能会扭转，叶片的运动会不顺畅，因此上述两个技术方案没有实用性。

第9917号无效宣告请求审查决定认定：虽然“一个叶片孔中安装三个叶片”和“一个叶片孔中装两个叶片，两个叶片共用一个弹簧”在其技术方案中将导致锁芯的可靠性不能保证或者叶片运动不顺畅，但是分别含有上述两个技术特征的技术方案是能够被制造和使用的，并且其实施后所产生的效果也是本领域技术人员可以预见到的，因此该专利权利要求3中的两个技术方案具备专利法意义上的实用性，符合《专利法》第22条第4款的规定。

【案例评析】

《专利法》第22条第4款规定，实用性，是指该发明或者实用新型能够制造或者使用，并能够产生积极效果。《审查指南2006》中进一步明确，“能够制造或者使用”是指符合自然规律、具有技术特征的任何可实施的技术方案，能够解决技术问题，具有在产业中被制造或使用的可能性。而“能够产生积极效果”是指发明或者实用新型专利申请在提出申请之日，其产生的经济、技术和社会的效果是所属领域的技术人员可以预料的；这些效果应当是积极的和有益的。

如果技术方案中存在一些瑕疵导致其使用效果不甚理想，但并未导致其无法制造或者使用，则该技术方案仍然是具备实用性的。

本案中，要求保护的高保险叶片锁由于叶片的安装导致锁芯的可靠性得不到保证或者叶片运动不顺畅，但本领域技术人员根据说明书和权利要求书的记载内容可知产品可以制造，其使用过程中的可靠性不高、运动不顺畅并不会导致其无法在产业中被制造或使用；并且，说明书中对技术效果的可预见性进行了说明，明确肯定了该发明符合《专利法》关于“能够产生积极效果”的相关规定。

由此，合议组得出该专利的技术方案具备专利法意义上的实用性的审查结论。

（撰稿人：耿萍）

第五节 缺少必要技术特征

【案例 9-5】 专利复审委员会第 15672 号无效宣告请求审查决定简介

专利复审委员会于 2010 年 12 月 2 日作出第 15672 号无效宣告请求审查决定。该决定涉及申请日为 2004 年 4 月 12 日、授权公告为 2005 年 5 月 4 日、名称为“可移动式排风管道转向关节装置”第 200420021729.9 号的实用新型专利。

针对该专利，请求人向专利复审委员会提出无效宣告请求，其无效宣告请求理由包括该专利权利要求 1 缺少必要技术特征，不符合《专利法实施细则》第 21 条第 2 款的规定。

该专利授权公告的权利要求 1 为：

“1. 一种可移动式排风管道转向关节装置，其特征在于包括：

两个各自具有排风管道衔接端的转向关节；

形成于所述转向关节的相互接合的内侧处的垫圈定位槽；

形成于所述转向关节的外侧中心处的中心连结杆穿孔以及形成于所述转向关节侧面的风管衔接端口；

一设置于所述转向关节内侧处的垫圈定位槽内的结合垫圈；

一穿过所述两转向关节外侧中心处的中心连结杆穿孔的关节中心连结杆；

一设置于所述转向关节外侧中心处与所述关节中心连结杆相锁合的关节松紧旋钮。”

请求人认为，该专利权利要求 1 保护的可移动式排风管道转向关节装置应当兼具其说明书所声称的定位锁合、压紧密封、调节转动方向、松紧度不移位及简易操作等功能，这些功能应是同时具备的，而不是选择关系；而权利要求 1 中缺少了解决定位锁合、压紧密封、调节转动方向、调节时关节松紧度将不改变移位和操作简易这些技术问题的必要技术特征，不符合《专利法实施细则》第 21 条第 2 款的规定。

专利复审委员会经查证认定如下事实：该专利说明书中第 5、6 页中记载了“……能在一定范围内移动、转向，此为其主要功能”“……定位锁合，此为其次要功能之一”“……压紧密封，此为其次要功能之二”“……仍能调节转动方向，此为其次要功能之三”“……原设定的关节松紧度将不改变移位，此为其次要功能之四”“……操作简易，此为其次要功能之五”。

关于该专利权利要求 1 是否缺少必要技术特征，合议组认为，本领域技术人员根据该专利说明书中记载的前述内容及说明书附图，能够确定可移动式排风管道转向关节装置既可以同时兼具“定位锁合”“压紧密封”“调节转动方向”“松紧度不移位”及“简易操作”等功能，也可以具有这些功能中的一种或多种功能，即这些功能是可以选择性实现的。具有其中的一种或多种功能的可移动式排风管道转向关节装置均是完整的技术方案，且能够解决与其功能相应的技术问题。同时，根据该专利说明书背景技术的记载，具有“可移动、转向”功能的可移动式排风管道转向关节装置是现有技术。该专利权利要求 1 中记载的内容包括“垫圈定位槽”“结合垫圈”以及两者的结构位置关系，这些技术特征与权利要求 1 中其他技术特征的总和足以构成一个至少能够解决“定位锁合”技术问题的、完整的技术方案，并使之区别于现有技术中的技术方案。由此可见，权利要求 1 并不缺少《专利法实施细则》第 21 条第 2 款所规定的必要技术特征，请求人关于该专利权利要求 1 不符合《专利法实施细则》第 21 条第 2 款的无效宣告理由不能成立。

【案例评析】

《专利法实施细则》第 21 条第 2 款规定的必要技术特征是指，发明或者实用新型为解决其技术问题所不可缺少的技术特征，其总和足以构成发明或者实用新型的技术方案，使之区别于背景技术中所述的其他技术方案。

一般地，如果一项专利的独立权利要求限定的技术方案能够解决其技术问题，并能够区别于背景技术中所述的其他技术方案，则该权利要求并不缺少必要技术特征。

当说明书中记载了某个请求保护的技术方案要解决多个技术问题时，只要该技术方案能够解决其中的至少一个技术问题，就可以认为满足了“解决其技术问题”的要求。

本案争议焦点就在于如何理解上面所述的“解决其技术问题”。该专利在说明书中声称该专利能够解决多个技术问题，这些技术问题是并列的、能够相互独立地采用不同技术方案解决的。因此，虽然该专利的独立权利要求所保护的技术方案仅能解决其中的一个技术问题，但仍然可以认为其满足了“解决其技术问题”的要求，该独立权利要求并不违反《专利法实施细则》第 21 条第 2 款的规定。

（撰稿人：汤元磊）